VIVRE AVEC LA MORT
ET LES MOURANTS

du même auteur
dans la même collection

La Mort est un nouveau soleil

La Mort dernière étape de la croissance

La Mort et l'enfant

Elisabeth KUBLER-ROSS

VIVRE AVEC LA MORT ET LES MOURANTS

Traduit de l'américain par Renée Monjardet

Traditions et Conscience
Éditions du Tricorne — Éditions du Rocher
Jean-Paul Bertrand
Éditeur

Cet ouvrage a paru en anglais chez Macmillan, New York, sous le titre «Living with death and dying».

ISBN 226800 907-6.

INTRODUCTION

Ce livre m'a été demandé avec insistance par des malades, des lecteurs, des parents d'enfants dont la maladie était sans espoir. Tous, ils connaissaient bien mon activité et mes précédents écrits. Mais ils m'ont demandé de les aider davantage : ils voulaient mieux comprendre les différentes façons de s'exprimer qu'emploient les malades, adultes et enfants, proches de la fin, quand ils cherchent à faire connaître ce qu'ils savent au fond d'eux-mêmes, et ce dont ils ont besoin.

Il se fonde essentiellement sur des enregistrements destinés à l'enseignement et qui peuvent être obtenus des hôpitaux et des instituts de formation. Mais ce matériel n'était pas facilement accessible aux particuliers et aux familles, qui sont plus accoutumés à lire qu'à écouter des enregistrements.

Le voici donc, enrichi de nouveaux témoignages provenant d'expériences personnelles. Puisse-t-il, ce livre, soutenir et encourager ceux qui ont peur, encore, de parler d'un événement qui est tout aussi naturel que la naissance !

Naître et mourir, cela implique beaucoup de changement et d'adaptation, souvent des difficultés et des souffrances, mais aussi la joie, la réunion, un départ sur de nouvelles bases. Si nous ne savions pas, profondément, que nous sommes ici-bas pour un temps relativement court, pourquoi lutterions-nous pour la perfection, l'amour, la paix ? N'est-ce pas à cause de notre désir de laisser ce monde, en le quittant, un peu meilleur, un peu plus humain que lorsque nous y sommes entrés ? Nous ne faisons progresser notre société que si nous cessons de récriminer contre ses défauts pour travailler avec courage à l'améliorer. Certes, il nous est pénible d'admettre nos peurs, nos remords et notre honte, notre sentiment d'infériorité, le peu d'estime que nous nous portons à nous-même. Mais ceux qui reconnaissent tout cela sont des courageux, assez forts pour lutter contre leurs imperfections, assez confiants et fidèles : et ils verront la lumière au bout du tunnel. C'est à eux, à ceux qui ont eu le courage de combattre les forces mauvaises en eux-mêmes et dans notre société, que je dédie ce livre.

Élisabeth KÜBLER-ROSS

Première partie

Nos visites à domicile et à l'hôpital et la nécessité de l'écoute

La documentation de ce livre provient de dix ans de travail auprès d'adultes et d'enfants, tous proches de la mort, dont nous nous sommes inquiétés dans des hôpitaux, des maisons de santé, et, ce qui est le plus important, à domicile.

Des soins aux mourants en institution, nous sommes passés à une autre méthode, plus saine : les aider dans leur environnement, chez eux, là où ils sont entourés de leurs proches, où ils se sentent libres de dire ce dont ils ont besoin, ce dont ils ont envie ; conditions que le meilleur hôpital ne peut offrir.

Nombre de mes lecteurs connaissent déjà mes séminaires sur la mort et les mourants, qui sont offerts au personnel hospitalier, ainsi que les « ateliers » de cinq jours que dans divers pays j'ai dirigés pour offrir aux professionnels et aux non-professionnels une possibilité d'échanges sur la mort, la vie et le « passage ». Grâce à ces séminaires et à ces ateliers, des médecins, des membres du clergé, des psychothérapeutes, des infirmières, des auxiliaires bénévoles ont trouvé le moyen d'aborder plus facilement les patients au dernier stade de la maladie. Nous avons publié dans *Les derniers instants de la vie*[1] et dans *Questions et Réponses sur les derniers instants de la vie*[1] l'histoire de nos débuts et de ce que nous avions appris des mourants eux-mêmes. Si vous avez lu ces deux livres, vous trouverez quelques redites dans les pre-

1. Voir bibliographie. *N.d.T.*

miers chapitres de cet ouvrage : j'ai choisi de me répéter pour que la présentation des questions y soit plus complète.

Il faut donc l'admettre : ce que j'apporte ici n'est pas absolument neuf. Mais ils sont encore très nombreux, ceux qui s'imaginent qu'un malade « se sent mieux » si on le met dans l'ambiance « tout va très bien... » : c'est dire qu'on devrait visiter les mourants avec un bon sourire et des paroles superficiellement encourageantes. Pour les soins physiques, pour l'attention à apporter au corps, il nous est facile de procurer à nos malades ce qu'il y a de mieux, mais le plus souvent nous négligeons ce qui leur est le plus pénible, leurs tourments affectifs et spirituels.

Notre travail impliquait de veiller à tout ce dont le mourant pouvait avoir besoin. Nous laissions ces grands malades libres de choisir le moment et le lieu où nous nous inquiétions d'eux, libres de fixer eux-mêmes la dose de calmants qu'il leur fallait pour ne pas souffrir tout en restant conscients et bien éveillés. Nous respections leur désir de quitter l'hôpital quand on ne disposait plus d'un traitement efficace. Nous aidions à prendre les dispositions nécessaires pour les ramener chez eux. Toujours, nous préparions les familles à ce changement dans la routine quotidienne. Bien entendu, nous prenions le temps de parler aux enfants pour leur faire accepter la vue de ce membre de la famille qui va mourir, et parfois l'odeur qu'il dégage, et le mode de communication avec lui, et le fait de partager le même intérieur. Nous avons découvert que pour la plupart, jeunes et vieux, c'était une expérience en profondeur, finalement positive, tant que notre assistance était disponible et qu'une visite à domicile, par intervalles, pouvait alléger l'anxiété des membres de la famille.

LE CAS DE L.

L. était une adolescente de 13 ans, qui n'avait qu'un rêve : devenir professeur. En été, elle avait été hospitalisée et l'on avait trouvé une tumeur abdominale. On opéra, et l'on rassura ses parents : il ne restait rien de dangereux, tout ce qui avait un caractère de malignité avait été enlevé. Ils étaient confiants. Avant la rentrée scolaire de nouveaux symptômes se déclarèrent, et en septembre son état s'aggrava rapidement. Elle avait de nombreuses métastases, il était évident qu'elle ne pouvait plus reprendre ses études. Malgré les demandes instantes de ses parents, le médecin refusait le cocktail Brompton qui aurait atténué ses souffrances. Ils cherchèrent, mais en vain, un autre médecin qui accepterait d'utiliser ce calmant très efficace. On ne pouvait plus la transporter à Chicago, où elle avait été suivie précédemment. C'est à ce moment que je fus consultée et que je commençai à voir la jeune malade et sa famille, à domicile.

La mère, qui était franche, courageuse, profondément croyante, consacrait beaucoup de temps à sa fille et parlait franchement de tout avec elle. Installée dans le living dans un bon lit, L. pouvait sans bouger prendre part à toutes les occupations de la famille. Son père, — un homme tranquille — ne parlait guère de la maladie ou de la mort possible, mais témoignait son affection par de petites attentions et souvent revenait de son travail avec des roses pour sa fille aînée.

Les frères et sœurs, dont l'âge s'échelonnait de 6 à 10 ans, étaient un jour rassemblés dans le living, après l'école. Je tenais séance avec eux, en l'absence de tout adulte. Nous avons utilisé les dessins spontanés des enfants, selon la technique enseignée par Susan Bach [1], ils ont volontiers coopéré et expliqué leurs dessins. Ceux-ci révélaient qu'ils connaissaient la gravité de la maladie de leur sœur, et nous avons parlé, sans euphémisme, de la mort qui la menaçait. C'est le petit de 6 ans qui eut le courage d'exprimer ce qui lui était pénible : ne pas pouvoir regarder la télé, ni claquer les portes, ni ramener des camarades à la maison. Il se sentait intimidé par les grandes personnes, qui ne marchaient plus que sur la pointe des pieds, et il demandait, tout franchement, combien de temps cet ennui pourrait durer. Les enfants évoquèrent ensemble ce dont ils voudraient parler avec leur sœur avant sa mort : inutile de dire que nous les avons encouragés à le faire sans plus attendre.

Après plusieurs jours difficiles — chaque jour on pensait que ce serait le dernier —, l'état de L. resta stationnaire. Son ventre était fortement gonflé, ses bras et ses jambes me rappelaient ce que j'avais vu dans des camps de concentration. Mais elle ne pouvait pas mourir. Nous lui avons apporté la musique enregistrée qu'elle préférait. Sa mère restait de longues heures à son chevet, n'hésitant pas à répondre à toutes les questions qu'elle lui posait. On ne pouvait s'imaginer ce qui rattachait cette petite fille à la vie. Au cours d'une de mes visites, et avec l'autorisation de sa mère, je lui ai posé la question : « L. y a-t-il quelque chose qui t'empêche de partir ? Il semble que tu ne puisses pas mourir, et je ne vois pas pourquoi. Peux-tu me le dire ? » Avec un soulagement visible, elle répondit : « Oui. Je ne peux pas mourir parce que je ne peux pas aller au ciel. » La phrase me causa un choc, et je lui demandai qui avait bien pu lui dire une chose pareille. Elle me répondit que bien souvent, le prêtre et les religieuses qui venaient la voir lui avaient dit qu'on ne va pas au ciel si l'on n'aime pas Dieu plus que tout au monde. Rassemblant ses dernières forces, elle se pencha, mit ses bras maigres autour de mon cou et chuchota, comme pour se faire pardonner :

1. *Susan Bach :* voir plus loin IIe partie. *N.d.T.*

« Vous voyez, c'est papa et maman que j'aime plus que tout le monde. »

J'eus une réaction immédiate de colère. Pourquoi ceux qui « représentent Dieu » se servent-ils de la crainte et du sentiment de culpabilité, au lieu de montrer qu'il est un Dieu d'amour et de miséricorde ? Mais j'avais appris par expérience qu'on n'aide personne en critiquant le comportement de quelqu'un d'autre. C'est un de ces moments où l'on ne peut répondre qu'en recourant aux paraboles, au langage symbolique. Et j'ai dit ceci :

« L., je ne vais pas demander qui peut parler le mieux de Dieu. Venons-en à quelque chose que nous connaissons, prenons par exemple votre école, et réponds à une seule question. Il arrive que le professeur donne à faire un exercice particulièrement difficile à certains élèves : est-ce qu'il désignera les plus mauvais élèves, ou n'importe qui dans la classe, ou choisira-t-il quelques élèves parmi les meilleurs ? » Son visage s'éclaira, et elle répondit avec une certaine fierté : « Oh ! dans ce cas il en prend très peu parmi nous ! » J'ai repris : « Puisque Dieu, lui aussi, nous enseigne, penses-tu qu'il t'a confié une tâche facile, qu'il aurait pu donner à n'importe qui, ou bien quelque chose de vraiment difficile ? » Il y eut alors entre nous, sans paroles, une communication très émouvante. Elle se pencha en avant, regarda longuement, sévèrement, son corps émacié, puis, l'air extraordinairement heureux, elle me regarda fixement et s'écria : « Je ne crois pas qu'il aurait pu donner à un enfant quelque chose de plus difficile. » Je n'eus guère besoin de lui dire : « Et maintenant, ne crois-tu pas qu'il pense à toi ? »

Je ne fis plus qu'une seule visite à cette famille. L. était paisible, elle s'assoupissait par moments, et elle écoutait certains airs qu'elle aimait, dont un que je lui avais apporté, des moines du prieuré de Weston : « Partout où vous irez », qui est de ceux que mes malades préfèrent. Quand elle est morte, sa famille y était préparée. Les enfants vinrent avec moi à la maison funéraire avant les heures normales de visite, ils furent contents qu'on leur permit de toucher le corps, de poser des questions, de dire une dernière prière pour la sœur qu'ils aimaient.

Ils avaient connu la mort de bonne heure. Mais c'était quelque chose d'émouvant que de voir cette famille se rapprocher, partager non seulement la peine, la souffrance, mais aussi la joie, la musique, le dessin, et progresser ensemble. Cela s'était passé à la maison, où chacun participait à ce qui se vivait, où personne n'était laissé au-dehors, comme c'est le cas lorsque le jeune malade meurt — si souvent seul — dans un hôpital où les enfants ne sont pas admis, où on les abandonne à leurs remords, leurs peines, à toutes les questions qu'ils se posent sans recevoir de réponse.

Ce cas souligne plusieurs points que nous devons envisager si nous avons le courage d'être non conformistes, alors que tant de membres de la profession médicale répugnent à accepter les changements qu'entraîne une approche nouvelle des mourants.

Il est inutile de souffrir atrocement à présent qu'on peut disposer de ce médicament de la douleur qu'est le cocktail Brompton, qui dispense une mère de faire constamment des piqûres, pénibles, de calmants, à un enfant réduit à un état cachexique.

Le problème le plus important, ensuite, est que chacun de nous soit convaincu que son travail est utile. Autrement y emploierions-nous tant d'heures ? Nous le croyons, nous en sommes persuadés, et surtout des familles très nombreuses nous l'affirment. Mais, malgré la certitude que nous avons de la valeur de notre travail, nous devons observer une règle d'or : ne jamais déprécier une autre personne. Si consternée que je sois par ce que me racontent certains malades et leur famille, nous évitons autant que possible tout jugement péjoratif sur quelqu'un même si nous ne sommes pas du tout de son avis.

Ce que le cas de L., peut-être, montre le mieux, c'est l'aide que le langage symbolique, ou en paraboles, nous apporte pour répondre aux questions du patient. Il enseigne aussi à ne pas se laisser entraîner dans une lutte pour le pouvoir, une compétition qui ne pourrait que laisser hostilité et rancune. Cela ne veut pas dire que nous ne saisissions pas l'occasion, plus tard et en particulier, de nous ouvrir de notre expérience à cette personne avec laquelle nous ne sommes pas d'accord. Lentement mais sûrement, on s'apercevra que cette expérience est positive et l'on se familiarisera avec cette approche du malade.

En même temps, il nous faut enseigner, non seulement aux adultes mais aux enfants, dès le jeune âge, qu'on peut exprimer ce qu'on ressent, tout franchement, sans avoir honte, que des gens aussi, autour de nous, diront leur façon de penser et qu'il n'est nul besoin de les juger, de les cataloguer, de les déprécier.

Si des peurs comme celles que L. nous a révélées peuvent être décelées dans les débuts de la vie, et être vaincues avant que ne survienne une maladie fatale, nous aurons trouvé le moyen de rendre inutile le recours au psychiatre. Ces six enfants, de 6 à 13 ans, se sont affrontés, dans une sorte de psychodrame, à ce qui les effrayait et les tourmentait le plus, sous la direction d'un petit groupe d'adultes qui avaient participé à nos ateliers sur la vie, la mort et les derniers moments, et qui étaient bien formés. Ce fut une des expériences les plus émouvantes vécues par des gens qui étaient depuis des années dans le domaine psychiatrique et psychologique.

On est touché de constater combien ces enfants, dans une ambiance où ils se sentent en sécurité et acceptés, peuvent s'ouvrir et exprimer ce qui les inquiète le plus. On est ému quand on entend un garçon de 9 ans trouver le courage de déclarer à sa mère : « Je me demande bien pourquoi tu t'es souciée de m'adopter, alors que tu me détestes tant. » Entraînés par cette franchise, les autres participants se sentirent libres d'exprimer leurs craintes, crainte de n'être pas aimés, crainte que leurs parents « ne soient pas leurs vrais parents ».

Nos *Centres de croissance et de guérison*, qui à l'heure où j'écris sont en train de naître à travers le pays, nous permettront d'aborder des enfants de tout âge et de les aider, dès la petite enfance, à ne plus éprouver de telles peurs.

Le cas suivant, de B., aurait pu s'achever dans une atmosphère de drame et de culpabilité sans l'intervention d'une amie qui aida à réinstaller la malade dans son foyer. C'est l'exemple du besoin qu'ont les enfants, et les adultes aussi, d'exprimer leurs sentiments hostiles et leurs craintes, ce qui opère une catharsis [1] et une ouverture qui ne sont guère possibles au cours des visites, limitées par l'heure et gênées par l'absence d'intimité, dans un hôpital où d'ailleurs les jeunes enfants ne sont pas admis.

---

1. *Catharsis*: action qui permet de se libérer d'une situation conflictuelle refoulée, en exprimant les émotions que cette situation fait naître. *N.d.T.*

LE CAS DE B.

B. était une jeune mère de deux enfants, âgés d'un an et de trois ans. Elle s'était remariée quand sa petite fille avait 2 ans, et elle allait avoir le second enfant quand sa santé commença à s'altérer. Peu après la naissance du petit garçon, on s'aperçut qu'elle avait un cancer, et sa vie se partagea dès lors entre séjours à l'hôpital et consultation externe. Son jeune mari n'était pas préparé à ces responsabilités nouvelles : s'occuper de deux jeunes enfants, régler les notes de l'hôpital, dépendre de l'aide de voisins et d'amis, et surtout il acceptait très mal de n'avoir pas une « existence normale, une femme normale ». N'ayant personne à qui se confier, il garda tout cela en lui, jusqu'au jour où son apparente maîtrise de soi lui échappa et où il éclata en reproches adressés à Dieu, au monde entier et à sa femme en particulier. B. trop faible pour réagir et bien incapable de changer grand-chose à sa situation familiale, commença à s'affoler. Elle se sentait immobilisée dans cet hôpital où le traitement avait déjà été interrompu, où les frais s'accumulaient, où elle était privée de ses enfants : son mari menaçait de les faire adopter, et elle ne voyait pas comment l'empêcher.

C'est à ce moment qu'une amie venue la voir se rendit compte de la situation et entra immédiatement en action. Elle interrogea le médecin traitant, qui l'autorisa à ramener B. dans sa famille. Des amis aidèrent à procurer le nécessaire : lit d'hôpital, fauteuil hygiénique, rond de caoutchouc, etc. Le living fut transformé en chambre de malade. B. fut installée sous la fenêtre, de façon à voir la rue et le jardin. Elle pouvait voir aussi la cuisine à travers la porte ouverte, et regarder ses enfants qui y jouaient.

Son mari se montra heureux de ne plus retrouver, au retour du travail, une maison vide. Une courte visite que nous lui fîmes révéla un homme très seul, qui n'avait jamais pu faire part de ses inquiétudes, de ses sentiments de solitude et d'insuffisance. Il fut plus que coopérant, il m'autorisa très volontiers à m'asseoir avec les deux petits à la table de la cuisine et à leur expliquer la mort dans un langage accessible à leur âge. Nous avons évoqué les chrysalides et les papillons, et je leur ai dit que leur maman allait bientôt mourir, mais que ce serait comme le papillon qui sort de son cocon.

Avec les parents de la jeune femme, nous nous sommes assis en cercle autour de son lit. Ce fut la petite fille qui brisa la glace. Assise sur mes genoux, en face de sa mère, elle posa trois questions, dont chacune révélait à quel point cette enfant comprenait les choses, dont chacune aussi permettait aux grandes personnes de s'ouvrir de ce qui les tourmentait :

« Dr Ross, pensez-vous que si, en allant me coucher ce soir, je priais Dieu de prendre maintenant ma maman, ce serait bien ?

— Oui, tu peux lui demander tout ce que tu veux.

— Pensez-vous qu'il serait d'accord si je lui demandais qu'il me la renvoie ?

— Oui, tu peux lui demander cela. Mais il faut te dire que là où va aller ta maman, le temps n'est pas comme ici, et qu'il peut se passer longtemps avant que tu la revoies.

— Ça va, du moment que je sais que je la reverrai, et qu'elle est bien.

— Cela, je peux te le promettre. »

Après un long regard sur son père et sa mère, elle ajouta : « Si cette maman-là meurt maintenant, pensez-vous qu'on m'enverra chez une mère adoptive ? » Tandis que l'enfant regardait son père d'un air interrogateur, la mourante le regardait aussi. Avec un soupir de soulagement, il prit la main de sa femme et promit de ne jamais se séparer des enfants. La petite fille n'en semblait pas vraiment sûre, mais la mère regarda tendrement son mari et l'assura que ce serait une bonne chose, tout à fait compréhensible, qu'il se remarie, qu'il trouve le bonheur dont leur brève vie conjugale avait été privée, et qu'il redonne une mère aux deux enfants. La petite fille laissa échapper alors : « Si toutes mes nouvelles mamans mouraient, qui est-ce qui me ferait à manger ? » Je la rassurai en lui disant que ce n'était du tout probable, mais que si jamais cela arrivait, moi j'avais une grande cuisine et j'aimais bien faire à manger : elle pourrait toujours venir chez moi.

Aussitôt après cet échange ouvert et affectueux, les enfants se sont endormis et nous avons été les border dans leurs lits. Les grands-parents et le mari étaient restés auprès de B. Des bougies brûlaient, et une chanson de John Denver s'échappait doucement d'une cassette, quand B. fit le passage que nous appelons la mort.

Il n'avait fallu qu'une visite à domicile, qu'une amie assez courageuse pour organiser le retour chez elle de la jeune mère et, comme c'est souvent le cas, la sincérité d'une petite fille questionnant, et obtenant des réponses qu'autrement on aurait éludées.

Pour le médecin qui peut prendre, sur son emploi du temps chargé, une soirée pour découvrir ses patients dans leur environnement familier, l'expérience est inoubliable, beaucoup plus enrichissante que ce que nous pouvons trouver dans un service d'hôpital quelconque.

Quand de jeunes parents en sont à leurs derniers moments, leurs enfants sont souvent négligés : la maladie de l'un des époux impose à l'autre une charge trop lourde pour qu'il ait beaucoup le temps de s'inquiéter des enfants. Je voudrais rappeler à présent ce qu'a été une jeune institutrice, qui offre à mon avis le plus bel exemple de psychiatrie préventive — dont toute sa classe d'enfants d'école primaire a bénéficié.

LE CAS DE D.

D. était en troisième année d'école primaire, et elle avait été une bonne élève jusqu'au début de décembre : son institutrice remarqua alors chez elle, ainsi que chez sa petite sœur en maternelle, des signes indiquant que tout n'allait pas bien à la maison. Elles avaient l'air triste, ne jouaient pas à la récréation avec les autres, et semblaient n'avoir pas envie de rentrer chez elles après la classe. Elle téléphona, apprit que la mère se mourait, que les enfants n'avaient pas vu leur père depuis un certain temps et que personne ne leur avait dit à quel point leur mère était malade. Le père partait au travail très tôt le matin, allait voir sa femme à l'hôpital et revenait tard quand les enfants étaient déjà endormis. Une tante s'occupait de leurs nécessités corporelles, mais n'était pas capable de parler de ce drame. Elle demanda à l'institutrice, qui s'était montrée inquiète des enfants, de les préparer à la mort imminente de leur mère. Alors celle-ci, miss K., me téléphona, réclamant mes conseils pour cette mission difficile. Je l'invitai à venir chez moi avec les enfants, après l'école. Elle verrait comment je m'y prenais et pourrait s'en inspirer pour le faire elle-même ensuite.

C'était la mi-décembre. Il y avait du feu dans ma cheminée. Sur la table j'avais préparé des boissons et des beignets [1]. Nous voilà assises toutes les quatre dans cette cuisine accueil-

1. *Doughnuts*: plus précisément, des petites boules faites de pâte à choux soufflée. *N.d.T.*

lante, faisant des dessins spontanés, mangeant les « petits choux » et bavardant. L'aînée des fillettes dessina au centre de son papier une silhouette longiforme, avec des jambes rouges énormes, hors de proportion avec le reste du corps. A côté elle avait commencé une figure géométrique, qu'elle avait barrée d'un air rageur, avant de la compléter. Quand elle eut fini son dessin, le dialogue suivant s'engagea :

« D., c'est qui, cette personne ?

— Ma maman.

— Quelqu'un qui a des jambes comme ça, rouges et enflées, doit avoir du mal à marcher.

— Ma maman ne marchera plus jamais avec nous dans le parc.

— Elle a très mal aux jambes. »

L'institutrice intervint alors pour rectifier. « Non, Dr Ross. Sa maman a un cancer généralisé. Les jambes seules n'ont pas été atteintes par le mal.

— Pour le moment, je n'ai pas besoin de connaître la réalité, lui répondis-je. Je désire savoir ce que l'enfant perçoit. » Et m'adressant à nouveau à l'enfant, je lui dis :

« Les jambes de Maman ont vraiment l'air énormes.

— Oui, ma maman ne pourra plus jamais marcher avec nous dans le parc », répéta-t-elle avec décision.

Je l'interrogeai alors sur le curieux dessin qui figurait à côté de sa maman, et elle répondit d'une voix triste et un peu irritée :

« C'est une table avec une nappe. »

Je repris d'un ton incrédule : « Une table avec une nappe ?

— Oui, vous voyez, ma maman ne mangera plus jamais avec nous à table. »

Avoir entendu « plus jamais » trois fois me suffisait : je pouvais parler franchement à cette raisonnable petite fille. Cela voulait-il dire que sa maman était si malade qu'elle allait mourir ? Elle me répondit d'un ton très positif que ça arriverait bientôt. Et alors, quand je lui demandai ce que cela voulait dire pour elle, elle me répondit que sa maman irait au ciel, mais n'en dit pas plus : elle n'avait aucune idée du ciel, et semblait insinuer (comme beaucoup de nos enfants le font) que c'est là une explication que donnent les grandes personnes pour que les enfants cessent de poser des questions.

Je lui ai demandé si elle aimerait que je lui parle un peu de sa maman, puisque les enfants ne l'avaient pas vue et ne savaient rien d'elle depuis une quinzaine de jours. Je lui ai expliqué que sa mère était près de la mort, qu'elle paraissait endormie, ne pouvant parler ni bouger. Je lui ai dit d'imaginer un cocon qui semble n'avoir pas de vie en lui. Nous avons dessiné ensemble ce cocon, et j'étais en train d'expliquer que, le moment venu, chacun des cocons s'ouvre, et il en sort... « un papillon », cria-t-elle.

Nous avons parlé un moment, disant que la mort n'était pas la fin, que le corps qui était enterré ou brûlé était la coquille, tout comme le cocon était « la maison du papillon », mais que le papillon était bien plus heureux et plus libre. Les papillons s'envolent et on ne les voit pas, mais c'est alors seulement qu'ils commencent à se réjouir des fleurs et du soleil. Les deux enfants ouvraient de grands yeux, ravies d'imaginer cette possibilité.

Nous leur avons dit que le médecin de leur mère avait promis de les laisser entrer malgré l'interdiction de visites, si elles voulaient revoir leur maman une dernière fois. Elles comprirent bien qu'elle ne pouvait leur parler, mais qu'elles pouvaient lui dire ce qu'elles voulaient, même si elle ne répondait pas : elle les entendait. Et cela ferait plaisir aussi à leur papa, qui restait assis à l'hôpital tout seul.

Nous avons été alors au jardin cueillir les derniers chysanthèmes. L'institutrice se chargea de conduire les enfants à l'hôpital. Elle me raconta le lendemain, avec des larmes de joie, qu'en entrant dans la chambre de la malade, les enfants allèrent droit au lit de leur mère, déposèrent les fleurs sur elle et chuchotèrent : « Maman, bientôt, tu seras libre comme un papillon. » Le père partagea avec ses enfants ces moments d'émotion, et l'institutrice les quitta, respectant leur besoin d'intimité.

Le lendemain matin, D. proposa de dire à ses camarades ce qu'elle avait appris. Elle alla au tableau, dessina le cocon et le papillon, et dit : « Bientôt ma maman va mourir, et ce n'est pas tellement triste, quand on pense à un cocon qui a l'air d'être mort, mais qui attend seulement le bon moment pour s'ouvrir : et alors, il sort de lui un papillon. » Non seulement ses camarades l'écoutèrent avec attention, mais encore ils se mirent à parler de ce qu'ils avaient connu : morts dans la famille, morts d'animaux familiers. Avant que l'institutrice ait eu le temps de s'en rendre compte, elle avait assisté à ce qui a été la première, ou l'une des premières, classe portant sur la mort et les mourants, où l'enseignement avait été donné par une petite fille à ses camarades de primaire très attentifs et très intéressés.

Le remerciement le plus émouvant me vint quelques semaines plus tard, sous la forme d'une grande enveloppe, contenant une lettre de D. : « Cher Dr Ross, je voulais vous donner quelque chose pour votre consultation. J'ai réfléchi à ce que vous aimeriez le mieux. Je vous envoie ce cadeau de Noël : les lettres et les dessins de mes camarades quand elles m'ont écrit après la mort de ma maman. J'espère que cela vous fera plaisir. Je vous embrasse. D. »

Peut-on vraiment recevoir « des honoraires de consultation » qui soient plus touchants, pour une seule heure passée avec deux charmantes petites filles, assez heureuses pour avoir une institutrice attentive ?

Celle-ci et les enfants sont restées en contact avec moi. De temps à autre je reçois d'elles un coup de fil ou une lettre. Ces fillettes ont perdu leur mère bien jeunes, mais n'en ont pas été traumatisées, elles ont pu en parler, le comprendre, et à leur tour elles ont permis à d'autres enfants d'évoquer ce sujet qui récemment encore était tabou. C'est là pour moi une forme de psychiatrie préventive. Elle donne aux enfants l'occasion d'évoquer ouvertement une mort qui les trouble, et de préférence avant que la mort n'ait eu lieu. Cela ne demande pas beaucoup de temps. Dans ces deux cas, il n'a fallu qu'une seule visite, soit au domicile de la malade, soit chez moi.

Ces quelques cas, qui concernent des patients d'âge différent et en situation différente, vous montreront peut-être comment nous sommes engagés dans ce travail et quelles joies nous pouvons y trouver. Si l'on veut aider les mourants et leurs familles, il est indispensable de se comprendre soi-même, avec ses inquiétudes et ses soucis personnels, afin d'éviter de projeter sur eux ses propres craintes. Il est important aussi de se familiariser avec le langage symbolique utilisé par beaucoup de nos patients, quand ils ne peuvent venir à bout de leur affolement et ne sont pas encore prêts à parler des derniers moments et de la mort. Ils auront recours au même « cryptolangage » s'ils ne sont pas sûrs de la réaction de l'entourage, ou s'ils découvrent dans le personnel soignant ou dans leur famille plus d'anxiété qu'ils n'en ont eux-mêmes. Ils ont besoin de s'exprimer, mais peut-être ne sont-ils pas conscients de la peur qu'ils éprouvent d'affronter la vérité. En pareil cas, quelqu'un d'expérimenté : enseignant, conseiller psychologique, ministre d'un culte... peut se servir du dessin, expression d'un langage symbolique non verbal.

Les dessins spontanés sont aussi révélateurs que les rêves. Ils peuvent être réalisés en quelques minutes et presque partout, que ce soit à l'école, à l'hôpital, à la maison : il ne faut qu'une feuille de papier et des crayons de couleur. Éclairant, au moment même, ce que savent dans leur « préconscient » enfants ou adultes, ils représentent un outil simple, bon marché, facilement accessible, à condition que nous disposions de thérapeutes consciencieux formés à l'interprétation de ce matériel.

On trouvera plus loin un chapitre spécialement consacré à l'origine de cette technique et à son emploi possible pour les mourants et pour les vivants. Il est dû à l'un de mes étudiants, que nous avions envoyé se former en Angleterre à l'école de Suzan Bach, analyste de l'école de Jung, spécialisée dans l'étude des dessins spontanés d'enfants proches de la mort. Elle a plus aidé à comprendre ces jeunes que bien des thanatologistes[1] dont on parle, aujourd'hui que ce travail est devenu, peut-on dire, à l'ordre du jour. Après avoir travaillé

1. *Thanatologistes*: spécialistes de l'étude de la mort; il y a en France une *Société de Thanatologie*, voir bibliographie, *N.d.T.*

dans ce domaine pendant des dizaines d'années, elle a bien voulu former notre étudiant pour que, de retour aux États-Unis, il puisse à son tour enseigner cette science, qui est aussi un art.

Le plus riche de sens, dans ce que ces patients nous ont révélé sur le désir de parler de la fin proche, c'est, je pense, qu'ils nous ont appris qu'ils se savaient mourants, même si personne ne les avait informés de la gravité de leur maladie. Et non seulement ils le savent, mais ils peuvent nous faire connaître *le moment* de leur mort, si nous sommes capables de les écouter et si nous apprenons à traduire leur langage. Peu de malades peuvent parler en langage clair de leur fin: ceux qui disent : « Je suis au bout du rouleau, et c'est très bien ainsi », ou demandent à Dieu de « les reprendre sans tarder », nous font comprendre qu'ils ont vaincu, au moins en partie, leur propre peur de la mort, et ce sont eux qui ont le moins besoin de notre assistance. Les malades « trop jeunes pour mourir » emploieront le langage symbolique, et pour bien comprendre ce langage, il est bon de savoir ce qu'est la peur de la mort. Quand je demande à mes auditeurs ce qui les effraie le plus lorsqu'ils imaginent leur mort, la plupart disent qu'ils ont peur de l'inconnu, qu'ils ont peur de la séparation, de la souffrance, d'abandonner un travail commencé, de laisser derrière eux ceux qu'ils aiment. Mais dans la crainte de la mort, ce n'est pas le plus important, et selon le Dr George Wahl ce n'est que la partie visible de l'iceberg : beaucoup de ce qui est associé à la peur de la mort est refoulé, inconscient — et c'est *cela* que nous avons à comprendre. En ce qui concerne mon propre inconscient, il m'est très difficile de concevoir ma mort. Je crois que ça arrivera aux autres, mais pas à moi — comme dit le psalmiste : « il en tombera dix mille à ta gauche et dix mille à ta droite, mais toi tu ne seras pas atteint » (psaume 90). Si je m'oblige à imaginer ma mort, je ne puis la concevoir que comme une mort violente : quelqu'un ou quelque chose surgira pour me tuer. Cela est important à se rappeler quand nous écoutons des cancéreux. Même si le diagnostic a été fait assez tôt, même s'il y a des chances de guérison, ils associent toujours la tumeur maligne avec une force de destruction fondant brutalement sur eux, et cela s'accompagne du sentiment de leur impuissance, de leur désarroi.

En fait, dans le langage symbolique il y a deux formes : les jeunes enfants (entre 4 ans environ et 10-12 ans) utilisent la forme non verbale, dessins, peintures, ours en peluche, poupées ou maisons de poupées, gestes symboliques ; les enfants plus âgés, les adolescents, les adultes ont plus souvent recours à la forme verbale.

Voici un exemple de la forme non verbale. Il s'agit d'un garçon de 13 ans hospitalisé depuis plus d'un an, dans l'attente d'un rein disponible. C'était un enfant irritable, provocant, déprimé. Il avait beaucoup choqué ses infirmières en faisant semblant de tirer sur les petites filles. Un jour, on me demanda d'agir sur son comportement, car on ne savait comment l'empêcher de menacer les autres enfants.

Je l'ai observé sans qu'il me voie et j'ai remarqué qu'il ne tirait que sur des petites filles. J'allai donc dans sa chambre et lui dit : « Bobby, tu ne pourrais pas viser un petit garçon avec ton fusil, pour une fois ? » Je voulais lui faire comprendre que je ne jugeais pas son désir de « tuer » d'autres enfants, mais que j'étais intéressée par le choix de ses victimes. « Vous n'avez pas remarqué ? me dit-il, non seulement je ne vise que les filles, mais toutes elles ont des reins en bon état. » Je ne pouvais m'imaginer que ce petit garçon en sût plus que moi, qui ignorait si ces petites filles avaient des maladies rénales ou non ; j'examinai donc leurs dossiers, et je constatai qu'il ne faisait mine de « tuer » que celles dont les reins étaient intacts. Par ce geste symbolique, il s'efforçait de faire comprendre qu'il était impatient de voir mourir quelqu'un qui lui donnerait une chance de vivre. Comprenez bien qu'il est très important de ne pas juger ces malades, de ne pas leur reprocher leur « méchanceté », mais de comprendre qu'ils sont angoissés et de les aider à s'exprimer verbalement, afin que nous puissions sympathiser avec leurs sentiments d'impatience, de colère — comme étaient les sentiments de Bobby hospitalisé depuis si longtemps et ayant si peu d'espoir de recevoir à temps le rein dont il avait besoin.

Le langage symbolique verbal est employé par les enfants les plus âgés et les jeunes adultes, mais aussi par des gens plus âgés qui, simplement, ont peur de mourir. Et ceux-là sont les moins compris, parce que ce langage n'est pas enseigné dans nos écoles d'infirmières, nos facultés de médecine ou dans la formation des assistantes sociales. Je peux donner l'exemple de la petite Suzanne, de 8 ans, qui se mourait d'un lupus à notre hôpital. Elle était sous tente d'oxygène, seule dans une chambre, petite fille sage qui n'avait jamais dit qu'elle se rendait compte qu'elle allait mourir et que tout le monde aimait parce qu'elle n'embarrassait jamais les adultes. J'ai défini, vous vous en souvenez, la peur de la mort comme la crainte d'une force brutale qui fondra sur nous sans que nous y puissions rien. Au milieu d'une nuit Suzanne appela son infirmière préférée et lui demanda : « Qu'est-ce qui arriverait, s'il y avait le feu pendant que j'étais dans la tente à oxygène ? » Étonnée, l'infirmière répondit : « Ne t'inquiète pas, personne ne fume ici. » Elle sortit de la chambre, mais elle avait une sorte de pressentiment celui de n'avoir pas perçu quelque chose d'important — et elle eut le courage d'appeler au téléphone l'infirmière-chef, au beau milieu de la nuit, alors que n'importe qui aurait pensé : « Oh, ça n'est sans doute pas important. » Cette infirmière était compréhensive et connaissait bien le langage des enfants proches de la mort, elle dit à sa jeune collègue que Suzanne était prête à parler de sa mort, mais celle-ci ne se sentait pas capable d'aller s'asseoir à son chevet pour l'écouter, et elle l'avoua. L'infirmière-chef vint à l'hôpital, alla voir la petite fille et lui demanda : « Qu'est-ce que tu disais, sur la tente à oxygène et le feu ? » et l'enfant le lui répéta. Alors cette infirmière fit quelque chose de remarquable, elle ouvrit la tente de façon à placer le haut de son corps tout près de la petite fille, et lui demanda : « Est-ce que comme ça, tu es mieux ? » L'enfant se mit à pleurer, et après un instant de réflexion dit nettement : « Je sais que je vais mourir, et je voulais avoir quelqu'un à qui en parler. » Elles parlèrent près de trois quarts d'heure. Puis l'infirmière demanda : « Y a-t-il encore quelque chose que je puisse faire pour toi ? » et l'enfant, avec un grand soupir, répondit : « Oui. Si seulement je pouvais parler comme ça avec ma mère... »

L'infirmière, le lendemain matin, fit entrer la mère dans son bureau pour lui raconter ce qui s'était passé. La mère écouta sans réagir, mais quand elle apprit que sa petite fille voulait lui parler de cette façon, elle se leva, écarta l'infirmière et sortit du bureau en criant : « Non, non, je ne peux pas, c'est impossible ! » L'enfant mourut sans avoir vu sa mère seule à seule : la mère arrivait aux heures de la visite, mais elle prenait toujours trois ou quatre enfants avec elle dans le service, afin de se protéger, si bien que sa fille n'osait pas lui parler de sa mort. Dans ce cas, nous avons fait une erreur, et je le cite parce que les erreurs sont tout aussi instructives que les succès. Nous avions écouté seulement ce que voulait l'enfant, alors qu'il était important aussi de respecter les défenses de la mère, et si nous avions *vraiment* écouté ce que disait l'enfant, nous aurions compris que la mère n'était pas prête à parler avec sa fille d'un tel sujet : Suzanne elle-même s'en rendait compte. Elle avait cherché dans la jeune infirmière une image maternelle de remplacement.

Je voudrais ajouter quelque chose sur les patients qui nous indiquent qu'ils connaissent le *moment* de leur mort. Parfois je fais le tour des malades de l'hôpital, et j'ai l'habitude européenne de donner une poignée de main. Un jour, une malade serra ma main d'une façon différente. Je l'ai regardée et je lui ai dit : « Est-ce que c'est la dernière fois ? » Elle me fit un signe de tête affirmatif, et je lui fis mes adieux. Le lendemain, le lit était vide.

Autre exemple : celui d'un vieil homme qui habitait notre maison, et à qui on avait donné deux mois de vie. Il vécut deux ans et demi. (Nous trouvons assez fâcheux qu'on donne ce genre d'informations à un malade : elles sont rarement exactes.) Quand il fut près de sa fin, j'allai le voir un jour avec une tasse de café et un morceau de gâteau. Soudain il leva les yeux vers moi et me dit : « Je voudrais vous faire un cadeau — Un cadeau ? » (Ce n'était pas dans ses habitudes.) « Oui, je voudrais que vous conserviez ma canne. » J'ai eu sur le bout de la langue de répondre : « Mais vous en avez besoin. » Non seulement cette canne était son seul bien terrestre, mais il ne pouvait aller jusqu'à la salle de bains sans s'y appuyer. Écoutant mon intuition immédiate, je ne dis rien, je pris la canne et sortis. Quand je revins prendre sa tasse, il était mort.

Ce genre de message que le malade transmet, sur le moment de sa mort, les membres de la profession soignante peuvent le recueillir, mais cela est presque impossible quand il s'agit d'un membre de sa propre famille. Si cet homme n'était pas devenu « quelqu'un de la famille », après avoir vécu dix-huit mois sous mon toit, s'il avait été un de mes patients, j'aurai pu l'entendre quand il m'avait dit qu'il voulait me donner sa canne, je me serais assise près de lui, j'aurais dit : « Vous n'avez plus besoin de canne, n'est-ce pas ? », il me l'aurait confirmé et nous aurions parlé. Mais je n'en ai pris conscience qu'après sa mort. Aussi, n'ayez pas de remords si, en lisant ce que je dis de mes malades, vous vous rappelez les membres de votre famille qui sont morts et qui peut-être ont tenté de vous transmettre un message que vous n'avez pas perçu.

Jusqu'à présent, nous avons parlé des tout derniers moments de la vie. Je vais à présent remonter au moment où l'on commence à comprendre qu'on est atteint d'un mal sans espoir. Nous avons demandé à des patients s'ils auraient préféré être rapidement informés de la gravité de leur maladie, afin d'avoir plus de temps pour s'affronter à la situation. La plupart nous ont répondu qu'ils l'auraient en effet préféré et qu'ils regrettaient que le premier médecin consulté ne les ait pas avertis. Mais ceci à deux conditions : la première, que le médecin laisse toujours un espoir envisageable, car au début d'une maladie, d'un cancer par exemple, le patient espère toujours que le diagnostic peut être erroné. Puis, quand le diagnostic est sûr, si le mal en est à ses débuts et encore traitable, on espère la guérison, la prolongation de la vie. Si la guérison semble improbable — je ne dis pas impossible, parce qu'il y a toujours des exceptions à la règle —, l'espoir prend d'autres formes, s'attache à d'autres objets. Le malade dit : « J'espère que mes enfants se tireront d'affaire », ou :

« J'espère que le Seigneur me recevra dans son Royaume »... c'est encore de l'espoir.

La seconde condition, c'est que le premier médecin n'abandonne pas le patient. Ceci veut dire simplement que nous, les médecins, nous nous intéressions à lui en tant qu'être humain, même quand il ne peut pas nous donner la satisfaction de le traiter, de le guérir, de prolonger sa vie.

Afin de transmettre ce que nous avions appris de nos patients à l'article de la mort, nous avons cherché s'il y avait entre eux des dénominateurs communs, et nous nous sommes aperçus que la plupart passaient par cinq étapes. Alors qu'on prend conscience que la maladie dont on est atteint pourrait être fatale, la première réaction est le plus souvent de heurt et de refus. C'est ce que nous appelons le stade du « Non, pas moi ! » Beaucoup de gens pensent que « ça n'arrive qu'aux autres ». Tant que les malades sont à ce stade, ils ne peuvent entendre ce qu'on essaie de leur dire. Si le médecin donne des précisions sur la gravité de cette maladie, ils les enregistrent peu de temps, et puis les refoulent. Très souvent, en reprenant leurs occupations, ils prétendent qu'ils n'ont rien eu de grave, ils « font comme l'autruche ». D'autres, peut-être, iront d'un médecin à l'autre, d'un hôpital à un autre centre de soins, dans la quête désespérée de quelqu'un qui va leur dire : « Ce n'est pas vrai, vous n'avez rien. »

Quand un malade en est à ce stade, on peut faire deux choses pour lui. La première, c'est de vérifier s'il s'agit de votre problème ou du besoin du patient. Neuf sur dix malades que nous supposions au stade du refus ne l'étaient pas, mais s'étaient très vite rendu compte que *nous*, nous ne pouvions pas leur parler franchement. On le voit bien quand le médecin en entrant dans la chambre admire les belles fleurs ou parle du temps qu'il fait : le malade entre alors dans cette conspiration du silence, de peur que son médecin ne l'abandonne. Si vous êtes bien sûr que la réticence ne vient pas de vous, vous pouvez laisser entendre au malade que, quand il y sera disposé, vous êtes prêt à parler avec lui. Il se souviendra de cette proposition au moment où il sera prêt à abandonner son attitude de refus, et il reprendra contact avec vous. Malheureusement, ce n'est pas souvent entre 9 h. du matin et 5 h. de l'après-midi que le malade renoncera à refuser de voir la réalité, c'est au milieu de la nuit, le plus souvent vers 2 ou 3 h., alors qu'il ne dort pas, qu'il a laissé tomber ses défenses dans la solitude et le silence de la nuit sombre. C'est alors qu'il pourrait appuyer sur la sonnette et qu'un aumônier, une infirmière, ou un ami pourrait entrer dans la chambre, sans bruit, s'asseoir à son chevet et dire simplement : « Avez-vous envie qu'on en parle ? » Si c'était possible, cela, on pourrait en apprendre davantage en dix minutes, à 3 h. du matin, qu'en dix heures de temps au cours de la journée. C'est alors qu'un patient peut parler de ses craintes, ses désirs, ses fantasmes, ses espoirs, et de ce qu'il va laisser inachevé, pour reprendre très souvent son attitude de refus pendant le jour, auprès de ceux qui éprouveraient une répugnance à parler de tout cela. Je vais en donner deux exemples.

Le premier est celui de Mme W., âgée de 28 ans et mère de trois enfants de moins de 6 ans. Elle avait une cirrhose du foie, qui entraînait des épisodes de coma hépatique, de confusion mentale et d'états psychotiques. Elle se sentait trop jeune pour mourir. Elle n'avait jamais vraiment le temps d'être avec ses enfants. Pendant ses moments de confusion, elle perdait le sens de la direction. Elle faisait des séjours à l'hôpital. Son mari contracta un emprunt pour pouvoir payer l'hôpital et les médecins. Il avait des problèmes pour trouver à qui confier les enfants, et finalement il demanda à sa mère de venir habiter chez lui pour s'en occuper. La belle-mère supportait mal sa bru. Elle aurait aimé en être débarrassée aussitôt que possible.

Le jeune père était affolé par les questions d'argent, malheureux du bouleversement de son foyer. Un jour qu'il revenait de son travail, à bout de forces et de courage, il lança à cette femme qui se mourait : « Tout de même ça vaudrait mieux que tu puisses t'occuper de la maison et des enfants un seul jour, que de traîner longtemps dans cet état lamentable ! » La jeune femme s'aperçut que son mari comptait les jours, que sa belle-mère aurait bien voulu être délivrée de sa présence ; les trois enfants ne facilitaient rien, elle se sentait coupable de mourir et de leur manquer. Désespérée, elle se rendit à l'hôpital pour y trouver du réconfort. Un jeune interne, très occupé ce jour-là, lui dit simplement : « Je ne peux rien de plus pour vous », et la laissa partir sans lui fixer un autre rendez-vous.

Si vous étiez cette jeune femme, que feriez-vous ? Elle disposait de trois réactions de défense. Dans un premier temps, elle ressentit une fureur homicide, puis elle envisagea le suicide — mais elle n'avait pas vraiment envie de mourir. Le plus vraisemblable est que chez de tels patients se forme le délire de vivre dans un monde plus compatissant : ce qui se passe même chez des gens qui n'usent pas, d'habitude, de défenses psychotiques. Cette femme, à ce moment-là, n'eut besoin d'aucune de ces trois défenses. Elle avait une voisine qui se montra capable de l'écouter, et qui lui dit : « Il ne faut jamais perdre l'espoir. Si personne ne vous donne de raisons d'espérer, vous pouvez toujours aller dans un centre de guérison par la foi. » Cette voisine alla avec elle trouver un prêtre, pour qu'il l'entende, mais il était trop préoccupé : il lui dit qu'une bonne catholique n'allait pas dans ces centres de guérison. Ce qu'il n'avait pas entendu, c'est que la malade ne demandait pas à consulter un guérisseur, mais qu'elle avait besoin qu'on lui donne un motif d'espérer : et cela, naturellement, il aurait pu le faire. Elle alla tout de même à une séance de guérison par la foi, et elle en sortit en se croyant guérie. Alors, elle fit ce qui généralement écarte les autres de vous : elle alla répétant que Dieu avait fait un miracle, qu'il l'avait guérie. Quelques jours plus tard, chez elle, ayant cessé de prendre ses médicaments et de suivre le régime qui lui était indispensable, elle sombra une fois de plus dans un coma hépatique, et les siens, excédés, n'attendant même pas la venue du médecin, l'expédièrent au service des urgences,

A l'hôpital également ce fut dramatique. On lui donna les soins nécessaires tant que son état fut critique, mais dès qu'elle sortit du coma elle devint une patiente indésirable. Elle ne se comportait pas comme il fallait. Au lieu d'être reconnaissante des soins qui l'avaient fait sortir du coma, elle arpentait les couloirs en chemise de nuit, racontant à tout le monde le miracle que Dieu avait fait pour elle. Le service médical ne voulut pas la garder et demanda son transfert au service psychiatrique. Là, comme on ne tenait pas aux malades dont on pouvait envisager la fin proche, on n'avait pas envie de la recevoir. Ces discussions eurent lieu derrière des portes fermées, mais la patiente sentit bientôt qu'elle était indésirable partout.

Quand je vis cette femme en consultation, je fus frappée du fait qu'elle ne pouvait parler que du « miracle », et ne pouvait rien dire de ses enfants. En l'écoutant, j'observais sa table de nuit et tous les objets dont elle s'était entourée : tout ce qu'une femme emporte quand elle va pour quelques semaines dans un hôtel, bigoudis, livres, papier à lettres, ce qui indiquait qu'elle savait devoir rester longtemps hospitalisée. Il me vint à l'esprit que c'était une de ces malades qui ont besoin de rester jusqu'au dernier moment dans l'attitude de dénégation, sans doute parce que la réalité est trop difficile à vivre. Je fis ce qu'on fait rarement en psychiatrie, je lui dis que je l'aiderais à rester dans cette attitude, que je ne lui parlerais jamais de la gravité de sa maladie ou d'une issue fatale, mais ceci à deux conditions : l'une qu'elle nous permette de l'aider, en observant son régime et en prenant ses médecines, l'autre, qu'elle n'aille plus à la cafétéria pour se bourrer de nourriture, ce qui était une tentative de suicide déguisée. Je ne lui dis pas qu'elle devait cesser d'errer dans les couloirs en parlant du miracle que Dieu avait fait pour elle, mais il est frappant que cette femme ait cessé de le faire dès qu'elle eût appris que quelqu'un la verrait souvent et ne l'abandonnerait pas.

J'ai été voir cette femme aussi souvent possible, et je pense qu'elle m'a enseigné à pratiquer l'amour inconditionnel. Dans toutes mes années de pratique médicale, je n'ai pas vu de malade aussi seule. On l'avait laissée dans le service médical, mais dans la dernière chambre au bout d'un couloir, la plus éloignée du bureau des infirmières, derrière une double porte fermée. Elle ne recevait jamais de visite. Un jour je l'ai trouvée assise au bord du lit, agitée, les cheveux en désordre. Le téléphone était décroché, mais elle ne le prenait pas pour parler, c'était simplement « pour entendre une voix », me dit-elle avec un pauvre sourire. Quelques semaines plus tard, je fus frappée, en entrant, par l'atmosphère de renfermé dans la chambre et j'eus envie d'ouvrir la fenêtre pour laisser entrer l'air : mais en la regardant à nouveau — allongée raide dans son lit, les bras le long du corps, et sur le visage un curieux sourire (pour les spécialistes, un sourire de schizophrène) —, je ne pus m'empêcher de m'écrier : « Qu'est-ce donc qui vous fait sourire ? » ce qui sous-entendait : « Il n'y a vraiment rien ici qui donne envie de sourire ! » Elle me regarda, un peu étonnée, et répondit : « Vous ne voyez pas ce beau mimosa, ces fleurs superbes dont mon mari m'a entourée ? »

Comprenez-vous ce que la malade voulait dire ? Évidemment, il n'y avait pas de fleurs dans la chambre. Nous avions considéré que cette femme était psychotique, c'est-à-dire avait rompu le contact avec la réalité ; mais à un certain niveau elle connaissait parfaitement la réalité. Elle savait très bien qu'elle ne pouvait pas continuer à vivre sans témoignages d'affection, surtout de la part de son mari, mais elle était assez réaliste pour envisager que ces témoignages, traduits par des fleurs, ne viendraient qu'après sa mort, quand elle serait dans son cercueil. Afin de vivre, elle avait construit l'image illusoire de ce que son mari lui enverrait après sa mort.

Que feriez-vous si vous deviez visiter cette patiente et compreniez son langage symbolique ? Voudriez-vous lui faire affronter la réalité, ouvririez-vous la fenêtre pour « faire entrer de l'air frais » ? Ou feriez-vous allusion aux fleurs qu'elle voit et que vous ne voyez pas ?

Ouvrir la fenêtre pour aérer serait un geste de sincérité, mais qui manquerait de tact et ne l'aiderait en rien. Beaucoup parmi vous, j'en suis sûre, seraient tentés de parler des fleurs, à cause de l'importance de cette illusion qui lui permet de vivre : mais ce n'est nullement nécessaire ! Si vous ne voyez pas de fleurs, ne faites pas semblant d'en voir. J'ai eu la tentation d'aller cueillir quelques fleurs dans mon jardin pour les lui apporter, mais cela non plus n'était pas nécessaire. Que demandait-elle en réalité ? des fleurs ? Non. De l'amour, et surtout de la part de son mari. Nous ne pouvions obliger son mari à lui revenir. C'est ce qu'il y a de plus difficile quand on travaille avec des malades et leurs familles. Si une famille a coupé le contact et rayé le malade de ses préoccupations, il est impossible de réveiller son intérêt. C'est alors que nous intervenons en tant que substitut d'objet d'amour, ou famille de remplacement.

Je me suis assise près d'elle, simplement. Je n'ai pas ouvert les fenêtres, je n'ai pas apporté de fleurs. Je lui ai tenu la main, j'ai été une présence. Au cours d'une de mes dernières visites, on aurait pu deviner de quoi je voulais parler ; je la regardais avec des yeux interrogateurs, qui semblaient dire : « Ne serait-il pas bon que, finalement, nous arrivions à *en parler ?* » Elle sourit et me dit : « Vous savez, j'espère que quand mes mains se refroidiront, je pourrai les laisser dans des mains chaudes comme les vôtres. » Cette femme parle-t-elle de sa mort ? Vous le pensez comme nous, n'est-ce pas ? Alors je dois dire que tous, parmi nos innombrables patients, ont parlé de leur mort, qu'ils en fussent encore au stade du refus ou qu'ils aient pu parcourir les étapes suivantes. Très peu d'ailleurs ont dû en rester au stade du refus jusqu'à la fin. Il est très important de ne pas démolir ce refus, de respecter ce qu'il faut au malade, les défenses qui lui sont nécessaires. Mais même dans ce cas les patients ont pu nous transmettre, en langage symbolique et non verbal, qu'ils avaient conscience de leur mort imminente.

Mon second exemple est un homme de 53 ans, M. H., hospitalisé pour des métastases de cancer. La médecine ne pouvait plus rien pour lui, et l'on ne savait qu'en faire parce que sa femme refusait de le reprendre pour qu'il meure à la maison. Son mari l'avait beaucoup déçue, il ne lui avait jamais apporté, semblait-il, quelque satisfaction. Elle avait eu deux rêves qui ne s'étaient pas réalisés : un mari fort et vigoureux, un mari qui gagnerait beaucoup d'argent. Quand il en arriva à « n'avoir plus que la peau et les os », elle se montra irritée, vindicative, et déclara qu'elle l'enverrait mourir dans un asile de vieillards plutôt que de le prendre à la maison pour lui donner les derniers soins. Cet asile avait un lit disponible dès le lendemain, mais le malade n'avait pas encore été informé de ce transfert imminent. Les infirmières (qui se plaignent toujours du manque de franchise des médecins à l'égard des patients) furent autorisées à le lui annoncer. Elles répondirent que ce n'était pas à elles de le faire, mais à l'assistante sociale. Celle-ci consentit à aller trouver M. H. dans l'intention de l'informer, mais elle s'aperçut tout de suite qu'il allait lui dire : « Pourquoi est-ce que je ne rentre pas chez moi ? » et qu'elle serait obligée de lui répondre qu'il avait un cancer et que sa femme ne voulait pas de lui. Elle m'appela à son secours.

Quand j'abordai M. H., je lui dis que j'avais ce jour-là un séminaire sur la question de la « communication avec les personnes très malades et proches de leur fin ». Il accepta tout de suite de s'y rendre, et comme nous nous rendions dans la salle de réunion je lui demandai pourquoi il avait été d'accord, alors que tout le monde pensait qu'il ne voudrait pas venir. Il répondit : « Oh ! c'est très simple, c'est parce que vous avez prononcé le mot "communication". J'ai fait des efforts considérables pour communiquer avec ma femme, mais il est clair que je n'y ai pas réussi. Et à présent il me reste bien peu de temps. » En une seule phrase, il m'avait parlé de ce qu'il regrettait de laisser inachevé et de sa certitude d'avoir peu de temps à vivre. Dans la salle, je lui ai demandé : « M. H., quelle est votre maladie ? — Vous voulez vraiment le savoir ? — Mais oui. — Je suis pourri de cancer. » Ma première réaction fut de crainte et presque d'irritation. Voilà un homme qui s'était joué de tout le monde. Médecins, infirmières, assistante sociale, et sa propre femme, étaient persuadés qu'il ne pourrait pas supporter une vérité pénible, et il savait absolument tout. Ma crainte portait sur la façon de lui annoncer son transfert à l'asile le lendemain. A ce moment il me regarda, un peu comme un gamin espiègle, et me dit : « Vous savez, Dr Ross, non seulement je sais que j'ai un cancer, mais je sais qu'il faudra que j'aille à l'asile. » Je lui ai demandé comment il le savait et il m'a répondu, en souriant davantage : « On ne pourrait pas être marié à ma femme depuis vingt-cinq ans et ne pas le savoir. » Je lui ai demandé alors : « Comment pourrions-nous vous aider ? » Il devint très triste : « On ne peut pas m'aider... Personne ne peut m'aider, que ma femme, et elle ne veut pas. Je n'ai jamais répondu à ce qu'elle attendait, et quand je l'entends parler, il semble que je peux mourir demain et que dans ma vie rien n'a eu aucune valeur, aucune importance. C'est très triste de s'en aller comme ça. » Il avait besoin, évidemment, d'entendre sa femme dire que sa vie avait eu quelque valeur, et elle ne voulait pas lui accorder cela. Je lui dis qu'avant son départ de l'hôpital j'aimerais parler à sa femme, et il me répondit : « Vous ne la connaissez pas ! C'est la colère faite femme, et elle n'acceptera jamais de parler avec un psychiatre. »

J'ai pourtant essayé. Après avoir entendu ce patient évoquer tout ce qu'il regrettait tant de n'avoir pas réussi à obtenir, je voulais faire comprendre à cette femme combien il était important qu'elle reconnaisse quelque valeur à la vie de son mari. Je lui ai demandé par téléphone si elle ne voudrait pas, avant d'emmener son mari à l'hospice, passer le lendemain matin une demi-heure avec moi pour que nous causions. Elle accepta, non sans réticence et avec l'accent coléreux dont son mari m'avait parlé. Assise dans mon bureau, elle redit presque mot pour mot ce que m'avait dit M. H. de l'impression qu'elle avait de lui : c'était un faible, il n'avait jamais répondu à son attente, ne rapportait pas assez d'argent à la maison et était si peu courageux qu'un jour il s'était trouvé mal parce qu'elle lui avait acheté une tondeuse à gazon. Elle continua sur ce ton jusqu'à ce que j'en eusse assez et je la priai d'arrêter. Je lui dis que j'allais répéter certaines de ses phrases, pour qu'elle soit sûre que j'avais bien compris, et je continuai : « En fait, vous dites que votre mari était un faible, que s'il mourait demain personne ne s'apercevrait même qu'il avait vécu, qu'il était si peu courageux qu'un jour il s'était évanoui devant une tondeuse à gazon... »

Elle m'interrompit, se leva, furieuse, et cria : « Comment

osez-vous me parler comme ça de mon mari ? » Ma réaction spontanée fut de rentrer le cou dans les épaules, parce que je pensais qu'elle allait me donner un coup sur la tête, quand du même souffle elle poursuivit : « C'était l'homme le plus honnête et le plus loyal qui ait jamais vécu. » Alors je fus saisie d'admiration : elle venait de dire ce que son mari avait un tel besoin d'entendre. Je lui expliquai pourquoi j'avais parlé ainsi et lui demandai si elle faisait parfois des compliments à son mari. Elle répondit : « On ne fait jamais de compliments à son mari. » (Cela me fit penser à ces gens qui ne disent jamais je t'aime à leur compagnon de vie et lorsqu'il est à la mort en font un panégyrique larmoyant.) Je tentai de lui montrer combien il était important qu'elle exprime ces sentiments à son mari, mais je n'étais pas sûre qu'elle pût me comprendre.

Comme elle se préparait à aller le chercher pour le conduire à l'hospice, je lui demandai de me permettre de dire adieu à son mari. Nous sommes donc allées ensemble à sa chambre, et sur le seuil elle cria dans un nouvel accès de colère : « J'ai dit à cette femme que tu étais l'homme le plus honnête et le plus loyal qui ait jamais vécu. » Il eut un grand sourire et je compris qu'il avait enfin obtenu ce qu'il avait tant regretté de ne pas obtenir avant sa mort. Je lui fis mes adieux et Mme H. le conduisit à l'asile, où il mourut quelques semaines plus tard, dans la sérénité et l'acceptation.

Voilà un homme que tout le monde croyait encore au stade de la dénégation. Mais si vous posez une question franche, directe, le patient vous informera de ce qu'il sait, et qu'il sait peut-être depuis le début. Dans cet état qu'on peut appeler de « pseudo-refus », notre rôle est celui d'un catalyseur, et c'est probablement le rôle que nous avons à jouer dans neuf cas sur dix. Bien peu de patients ont besoin d'entretiens suivis avec un psychothérapeute, et, le plus souvent, il nous suffira de peu de temps. Nous devons élucider ce dont le patient a besoin, ce qu'il désire, ce qu'il regrette de laisser inachevé. Ensuite, nous aurons à découvrir la personne capable de répondre à ces desiderata.

Lorsqu'une seule personne est prête à parler franchement

avec le patient, celui-ci peut abandonner le stade du refus et passer au stade suivant, celui de la révolte et de la colère, celui que nous appelons le stade « pourquoi à moi ? » Ces malades sont désagréables, manquent de gratitude, rendent la vie pénible à l'entourage. Quand un interne entre dans la chambre, il est accueilli par : « Vous est-il jamais arrivé de trouver la veine la première fois ? » Quand une infirmière arrive avec un médicament, elle s'entend dire d'un ton hargneux : « Vous êtes en retard de dix minutes. Ça vous est bien égal que je souffre. Vous aviez d'abord à prendre votre petit café. » Quand les membres de la famille viennent le voir, il leur reproche d'arriver trop tôt, ou trop tard.

Comment réagissez-vous devant un patient aussi désagréable ? Ou bien nous l'accablons de gentillesses (ce qui est la pire des manifestations hostiles), ou bien nous dominons notre exaspération et nous la tournons sur les infirmières stagiaires, et si nous n'en avons pas, sur notre mari quand nous rentrons à la maison, et si nous n'avons pas de mari, sur le chien à qui nous lançons un coup de pied. Il faut toujours que quelqu'un « écope ». Et cela me paraît grave, car nous devrions enseigner à nos infirmières que cette colère du malade est une bonne chose. Et nous devrions nous efforcer de la comprendre. En fait, il n'est pas irrité contre vous, mais contre ce que vous représentez. Vous arrivez comme l'image de la vie, de la santé, de l'entrain, de la vigueur, du dynamisme et vous l'affrontez directement à ce qu'il est en train de perdre. Ce qu'il veut dire au fond, c'est : « Pourquoi est-ce que ça m'arrive à moi, et pas à vous autres ? » Plus vous avez d'entrain et d'énergie, plus vous suscitez en lui l'irritation, l'envie, la colère. Je vais en donner un exemple.

Nous avions un patient de 21 ans atteint de lymphosarcome [1], placé en isolement pour 6 semaines. Il était tenu à l'écart par le personnel qui ne se sentait pas à l'aise avec lui. Si l'on entrait dans sa chambre on recevait un regard irrité, et

1. *Lymphosarcome*: tumeur maligne du tissu qui se trouve dans les ganglions lymphatiques et dans des organes comme le foie, l'intestin, etc. *N.d.T.*

puis le patient tournait le dos et regardait le mur. Il était l'image même de la solitude.

Quand on me demanda une consultation, j'essayai d'échanger quelques mots avec lui, et il me traita de la même façon. Je tentai par tous les moyens d'entrer en contact avec lui sans y parvenir, je finis par y renoncer et me dirigeai vers la porte. Au moment où j'allai l'ouvrir, je m'aperçus que je disais à mes étudiants de ne pas faire ce que j'étais en train de faire : le laisser tomber. Je revins auprès de son lit, et comme il ne communiquait pas verbalement avec moi, je fus contrainte de regarder le mur que ce garçon avait en face de lui pour six semaines. J'eus soudain une réaction intense de rejet, de colère. Je l'ai regardé et je lui ai dit : « Bob, ça ne vous rend pas fou furieux ? Vous êtes allongé dans votre lit, à regarder ce mur où l'on a collé toutes les cartes de vœux de prompt rétablissement, avec leurs jolies couleurs roses et bleues, que vous avez reçues ? » Il se tourna brusquement vers moi, et donna libre cours à sa colère, sa jalousie à l'égard de tous ces gens qui pouvaient sortir au bon soleil, faire des achats, choisir une carte de vœux et la lui adresser alors qu'ils savaient fichtrement bien qu'il ne pouvait pas aller mieux. Et il continua en parlant de sa mère qui « passe toutes les nuits ici sur la chaise longue. Belle action ! Grand sacrifice ! Tous les matins elle s'en va en disant la même chose — 'Il vaut mieux que je rentre, il faut que je prenne une douche'. » Et s'adressant à moi, avec la même expression de haine : « Et vous, Dr Ross, vous ne valez pas mieux. Vous aussi vous allez vous en aller. »

Voyez-vous ce qui suscite la colère de ces patients ? Ils se fâchent contre vous à cause de ce que vous représentez. Vous pouvez faire des courses, prendre une douche, aller boire un café. Vous soulignez ce que le malade est en train de perdre. Si vous pouvez les aider, sans les juger, à extérioriser leur colère (ce qui parfois ne prendra que cinq minutes), ils cesseront de sonner constamment l'infirmière, et très souvent ils auront besoin d'une dose de sédatif moitié moindre. Vous pouvez vraiment aider ces patients à dire tout haut : « Pourquoi est-ce que ça m'arrive à moi ?» — et il n'est pas nécessaire que vous répondiez à cette question.

Les familles et le personnel passent aussi par ce stade de la colère. J'ai vu une mère qui, debout à l'extérieur de la chambre où son enfant se mourait, m'a fait penser à une chaudière sous pression. Je lui ai dit : « Vous avez envie de crier ? » Elle s'est tournée vers moi : « Y a-t-il dans cet hôpital des endroits où l'on peut crier ? » J'ai répondu que non, mais que nous avions une chapelle. Alors, elle put éclater de rage impuissante : « A-t-on besoin d'une chapelle ? Ce que je veux, c'est crier, hurler à Dieu : pourquoi as-tu permis que cela arrive à mon enfant ? » Je l'ai emmenée dans mon bureau et je l'ai encouragée à crier. Beaucoup de gens simplement pleurent sur votre épaule : « Pourquoi est-ce que ça m'arrive, pourquoi est-ce que ça arrive à mon enfant ? » Les jeunes aumôniers devraient aussi permettre aux familles de faire des reproches à Dieu. Les aumôniers sont généralement parfaits tant que le malade dirige sa colère contre l'administration de l'hôpital, les infirmières ou d'autres membres du personnel, mais dès que la colère du patient s'adresse à Dieu, ils éprouvent le besoin de l'arrêter. Il me semble, à moi, qu'il faut laisser cette colère s'exprimer, et je réponds toujours à un aumônier débutant : « Pensez-vous vraiment que vous devez prendre la défense de Dieu ? C'est à Dieu de le faire... et il est bien au-delà ! »

Nous avons donc parlé du stade du refus (« non, pas moi ! ») et du stade suivant qui est celui de la colère (« pourquoi moi ? »). Ce stade peut aussi prendre la forme « pourquoi maintenant ? » On voit parfois de vieilles gens qui ont toujours travaillé, sans prendre de vacances, en économisant pour pouvoir faire faire des études à leurs enfants, qui commencent enfin à penser à leur retraite, et puis s'aperçoivent que le mari ou la femme est atteint d'un cancer. Ils disent alors : pourquoi ? pourquoi maintenant ? est-ce que je n'ai pas mérité de passer avec ma femme au moins un an de retraite tranquille ? est-ce que je n'ai pas toujours été un bon chrétien ? un bon père, un bon gagne-pain pour ma famille ? Ils ont besoin d'une épaule amicale pour s'y appuyer en pleurant et en répétant : « Pourquoi est-ce que ça m'arrive, à moi, et maintenant ? » Si nous les laissons, sans les juger, exprimer ce qu'ils ressentent de chagrin, d'angoisse, de colère, ils parviendront assez vite à un autre stade, celui du marchandage.

Ils ont cessé de dire : non, pas moi ; ils ont cessé de dire : pourquoi moi ? Ils disent à présent : oui, ça m'arrive à moi, mais... Le « mais » signifie le plus souvent une prière : si vous me donnez un an de plus à vivre je serai un bon chrétien, ou j'irai à la synagogue à partir d'aujourd'hui, ou je ferai don de mes yeux, de mes reins. On promet quelque chose en échange d'une prolongation de vie. Alors il semble que le malade soit en paix, mais ce n'est pas vraiment la paix, c'est une trêve. Le malade paraît assez bien, réclame habituellement peu de médication de la douleur, n'appelle pas tout le temps l'infirmière, et nous avons l'illusion que nous avons bien fait notre travail. Mais ce n'est qu'une trêve, au cours de laquelle le patient, qui espère vivre un peu plus longtemps, comme il l'a demandé, met habituellement ses affaires en ordre, rédige son testament, commence à s'inquiéter de qui lui succédera dans son entreprise ou veillera sur ses enfants. Les membres du clergé entendent le plus souvent parler de ces promesses, de ce marchandage. Mais si vous n'y êtes pas attentif, vous ne l'entendrez pas.

Je vais vous parler d'un marchandage qui a eu lieu non avec Dieu, mais avec un médecin. Nous avions une patiente très difficile, que presque tous évitaient. Un jour, elle devint très aimable et me demanda si elle ne pourrait être libérée, un seul jour, de la servitude des injections de médicaments de la douleur : si oui, elle deviendrait une bonne malade ! C'était très insolite (en général, les patients demandent bien plus d'un jour !) et je lui ai demandé ce qu'elle voulait dire avec « un seul jour ». Elle répondit qu'elle rêvait de sortir de l'hôpital, de « se mettre sur son trente et un » et d'assister au mariage d'un fils, qui était son préféré. Le soir même, dit-elle, elle reviendrait à l'hôpital et accepterait tout ce qui pourrait arriver. Nous avons pris les grands moyens et elle put sortir de l'hôpital, paraissant et se sentant une dame élégante. Le soir, je l'ai attendue parce que sa demande m'avait intriguée. Elle m'aperçut dans le hall d'entrée et m'accueillit par ces mots : « Dr Ross, n'oubliez pas que j'ai un autre fils. »

C'est le marchandage typique. Les promesses que font ces malades, ils les tiennent rarement. C'est surtout le cas des mères : elles demandent à Dieu de les laisser vivre jusqu'à ce que les enfants aient achevé leur scolarité, puis jusqu'à ce qu'ils se marient, puis jusqu'à ce qu'elles aient des petits-enfants. Presque tous les malades font ces demandes à Dieu, même quand ils n'ont guère pensé à lui auparavant. Je citerai quelques lignes d'une lettre d'une jeune femme, proche de la mort : « Mes pensées n'étaient pas d'amour, mais de crainte, car me trouver seule au moment de mourir me rendait douloureuse et amère. Alors j'ai discuté avec le Seigneur. S'il me permettait d'accepter cette probabilité de ma mort, je ne montrerais plus de ressentiment, je ne lutterais plus avec lui en lui reprochant de me faire partir... »

Voici encore un exemple de marchandage, en même temps que de langage symbolique : il s'agit d'un homme de 25 ans, qui mourut de leucémie aiguë quinze jours après avoir été hospitalisé. Il avait trois enfants dont l'aîné n'avait pas trois ans, une femme qui n'avait ni profession ni personnellement de quoi vivre, et il lui était extrêmement difficile d'envisager sa mort imminente. Je suis allée le voir plusieurs fois, et lui ai demandé s'il avait le désir de m'en parler. Chaque fois il me répondait : « Non, pas maintenant, demain, peut-être demain », et il se justifiait en disant que les lèvres et la langue lui faisaient mal. J'ai pensé, finalement, que c'était mon problème : la pensée de mes jeunes enfants me donnait le désir de parler de la mort. Je suis retournée à sa chambre et je lui ai dit : « Si vous n'avez aucun désir d'en parler, c'est très bien aussi. » Il a répondu : « Oh ! non, ce n'est pas ça. Vous ne comprenez pas. Dans cet hôpital on vous éveille dès le petit matin pour prendre la tension, après ça on somnole un peu, puis on vous réveille en apportant le petit déjeuner, et ça continue toute la journée. Il est très difficile de parler avec quelqu'un si on est interrompu tout le temps. » Je lui ai demandé comment je pouvais l'aider, et il m'a dit que si je venais très tôt le lendemain matin, avant que quelqu'un entre dans sa chambre, il pourrait probablement me parler.

Le lendemain de très bonne heure je suis arrivée à l'hôpital, et comme d'habitude je me suis arrêtée un moment dans le local des infirmières. L'une d'elles m'a dit que cela ne servirait à rien d'entrer dans sa chambre : il était en train de mourir. Il avait eu un grave accès pendant la nuit, il avait fallu le maîtriser, on avait appelé le médecin et l'aumônier, la famille était près de lui et l'infirmière estimait qu'il était trop tard et qu'il ne parlerait plus.

Sans doute que l'idée d'aller le voir ne me disait rien : je me rendis aux raisons de l'infirmière. (En y repensant dix ans après, je remarque qu'il n'y a aucun de mes patients, ayant choisi, pour parler de quelque chose d'essentiel, le moment, le lieu et l'interlocuteur, qui soit mort avant d'avoir eu cet entretien.) Je pris donc tout mon temps, et environ une demi-heure plus tard, simplement parce que j'avais promis que je reviendrais, j'entrai dans sa chambre, pensant le trouver dans le coma. Il était assis dans son lit, plus vivant, plus animé que je ne l'avais vu auparavant, il me regarda et me dit : « Pourquoi avez-vous mis si longtemps ? » Je n'ai pas osé lui dire pourquoi !

Je me suis hâtée de fermer la porte, et il m'a dit de m'asseoir tout de suite près de lui pour qu'il puisse me dire ce qu'il avait besoin de dire à quelqu'un avant la prochaine interruption. Je lui ai demandé : « Que vous est-il arrivé cette nuit ? » Il a répondu : « Vous ne le devineriez jamais. J'étais engagé, physiquement, dans une lutte. Il y avait un grand train qui descendait une colline très vite, et je luttais, je me disputais avec le conducteur parce que je voulais qu'il arrête le train un centimètre plus tôt ! Savez-vous de quoi je parlais ? »

L'évocation du temps est typique du langage symbolique adressé à Dieu pour obtenir quelque chose. Je lui ai dit que je supposais que le train rapide approchant du terminus était sa vie, et qu'il avait eu une grande discussion avec Dieu en lui demandant de prolonger un tout petit peu sa vie. Il sourit, et il allait continuer à parler quand sa mère entra dans la chambre. C'est une difficulté que connaissent beaucoup d'entre nous : quand nous sommes au milieu d'un entretien avec le patient, nous sommes interrompus par des membres de la famille qui ont, évidemment, le droit d'être auprès de lui à ses derniers moments. Afin de continuer le dialogue et d'achever ce qui était resté en suspens, je lui dis devant sa mère, en employant le même langage symbolique : « Puis-je vous aider, au moins de la valeur d'un centimètre ? » Il répondit avec un sourire : « Vous pourrez, j'espère, m'aider à persuader ma mère qu'il faut qu'elle retourne à la maison pour me cuire du pain [1] et me faire ma soupe aux légumes, celle que j'aime tant. » La mère réagit comme toute mère l'aurait fait, elle s'écria : « Comment pourrais-je quitter mon fils après une nuit pareille ? » Le malade et moi, nous avons répondu ensemble : « S'il pense qu'il peut attendre, il attendra. » Bien sûr, la mère rentra chez elle et fit ce qu'il avait demandé. Il put manger un petit morceau de pain et un peu de potage, et ce fut la dernière nourriture qu'il put absorber. Il glissa dans le coma et mourut trois jours plus tard, très paisiblement.

C'est là un bon exemple d'un jeune homme (25 ans) à qui il fallut très peu de temps pour arriver à accepter sa mort. Il est mort comme il avait vécu, je pense. Il était viril et vigoureux, il s'était efforcé de poursuivre l'attitude de refus autant que possible. Et puis en une seule nuit, en trois heures et demie de temps, il passa par les étapes de la colère, du marchandage avec Dieu, et de l'acceptation finale.

Les exemples indiquent bien le peu de temps qu'il faut pour aider ces malades à accepter la mort, pourvu qu'on soit disponible au moment où ils sont prêts à parler, au lieu d'attendre pour les écouter le moment qui vous convient à vous-même.

Quand un patient en a fini avec le marchandage, il ne dira plus « mais... ». Il dira « oui, c'est moi... ». C'est l'étape de la

1. Les femmes des États-Unis ont pris récemment l'habitude de cuire du pain à la maison. *N.d.T.*

dépression, de la profonde tristesse, qui peut prendre deux formes successives. Ces patients, d'abord, se désolent d'avoir perdu quelque chose, ils parlent de ce que peut signifier l'amputation d'un sein, ou d'une jambe, ou bien une colostomie[1]. Ils vous feront part de la peine que c'est d'être loin de ses enfants, et, pour un homme, d'avoir perdu son emploi. Nous pouvons faire alors du bon travail, parce que, tous, nous avons subi des pertes et que nous pouvons sympathiser. Mais ils passent ensuite au second type de dépression, où il est très difficile de les suivre, qu'on soit membre de la famille ou de l'équipe soignante : c'est le chagrin silencieux, la *dépression préparatoire*, qui fait suite à la *dépression de réaction*. Ils ne se désolent pas de ce qu'ils ont perdu, mais de ce qu'ils vont perdre. Ils commencent à mener leur propre deuil, à comprendre qu'ils perdent non seulement une personne aimée, mais tout ce qui importe pour eux, gens et choses. Dans le stade du chagrin préparatoire, ils ne parlent plus beaucoup, ils ne peuvent traduire en mots leur angoisse et leur tristesse ; le plus souvent, ils demandent à leurs parents et amis de venir encore une fois, et puis de ne plus venir. Ensuite ils veulent revoir une fois encore leurs enfants, et quand la fin est proche, le plus souvent, il leur suffit d'être avec une personne aimée, deux peut-être, qui resteront assises auprès du lit, sans rien dire : à ce moment, une pression de main, un toucher, sont plus importants que des paroles.

Dans ces moments, les hommes ont plus de difficultés que les femmes, parce que dans notre société on estime qu'un homme n'a pas le droit de pleurer. Quand nous voyons des larmes rouler sur les joues de notre patient, bien appuyé sur ses oreillers, nous ne nous sentons pas à l'aise. Nous changeons la disposition des fleurs, nous nous mettons à vérifier, sans qu'il y en ait besoin, l'infusion ou la transfusion, et si le malade continue à ne pas bouger, à rester muet,

---

1. *Colostomie* : création d'un anus artificiel après ablation du rectum. *N.d.T.*

il nous arrive souvent de nous écrier : « Allons ! courage ! ça ne va pas si mal ! »

Pas si mal pour qui ? c'est la question. Si j'allais devenir veuve, chacun me permettrait de rester en deuil et désolée pendant une année entière, alors que je n'aurais perdu qu'une seule personne. Cet homme qui a le courage d'envisager sa mort, cela veut dire qu'il a le courage d'envisager la perte de tout ce qui, gens et choses, avait de l'importance pour lui et c'est infiniment plus triste. Nous devons, à mon avis, permettre à ces hommes de se désoler, de pleurer, ne pas essayer d'arrêter leurs larmes mais bien au contraire, en entrant dans leur chambre, dire : « Il est permis à un homme de pleurer. » Oui, nous les laissons pleurer, nous les y encourageons. Ils sont alors capables de parcourir plus rapidement cette étape du chagrin et de parvenir au dernier stade, celui de l'acceptation.

C'est au cours de cette étape préparatoire que les patients nous donnent le moins de difficultés, bien que leur famille, souvent, commence à s'affoler. On demandera au médecin de faire l'impossible, de recourir à toutes sortes de moyens pour prolonger la vie. J'ai l'exemple d'une femme qui, lorsque son mari en arrivait à l'acceptation, s'accrochait à lui en suppliant : « Tu ne vas pas me mourir dans les bras ? » Dans ce cas-là le mourant se sent coupable, il a beaucoup plus de peine à parvenir à une acceptation paisible.

Il s'agissait d'un homme, un dentiste, d'un peu plus de 50 ans. D'un autre patient il avait appris ce que nous faisions et il nous demanda une consultation. Quand j'allai le voir, il me parla de ce qui le préoccupait et qu'il aurait voulu régler avant sa mort. Il était de petite taille, maigrichon, faisant vraiment peu d'impression. Il me dit qu'il avait plusieurs liaisons extraconjugales auxquelles il souhaitait mettre fin. (Ma réaction spontanée aurait été de dire : « *Vous ?* » car il ne paraissait pas un don Juan !) Il se mit alors à me donner des explications — c'est-à-dire qu'il s'efforça de comprendre son comportement, plutôt que de présenter les choses en les jugeant. Il me dit en effet qu'il avait toujours été petit, que, par suite de son éducation, il ne se sentait jamais un homme et qu'il avait voulu avant tout prouver qu'il en était un. Il n'était pas rare qu'une femme lui adressât un sourire. Il lui offrait un café, et puis, la tasse de café était suivie d'un vhisky-citron, et le whisky-citron conduisait à la chambre à coucher.

J'ai écouté sa confession et je lui ai demandé pourquoi il m'avait raconté tout cela. Il m'a répondu qu'il voulait mettre un point final, mais aussi expliquer à ces femmes pourquoi il avait agi ainsi. Je fis alors une grande erreur, je lui offris mon aide : « Si vous désirez que je parle à ces personnes, je le ferai volontiers. » Il me regarda d'un air intensément déçu, et reprit : « Dr Ross, je pensais que vous aviez laissé entendre que je suis un homme. »

Voilà pourquoi je dis que les patients au lit de mort sont d'excellents maîtres : si vous faites une erreur (et l'on fait bien des erreurs dans ce type d'entretien) ils vous corrigeront aussitôt, le plus souvent. Si vous recevez ces corrections comme des leçons, vous apprendrez quelque chose sur vous-même et sur autrui avec chacun des malades auxquels vous vous adressez.

Je lui répondis que j'avais souvent le tort de vouloir trop en faire, qu'assurément il était assez homme pour régler ces questions, et je lui souhaitai bonne chance. Il put mettre fin à ces liaisons, et il me rappela pour me dire que le plus difficile lui restait à faire : expliquer à sa femme le motif de sa conduite. Avant que je pus dire un mot, il posa un doigt sur ses lèvres et me dit : « Chut, ne le dites pas. » Ce qu'il voulait me faire comprendre, c'était : « A présent, ne me dites pas que si je voulais que vous parliez à ma femme, vous le feriez volontiers. » Je répondis que je m'efforçais de ne pas faire deux fois la même erreur avec le même patient, et nous avons pu rire tous les deux de bon cœur. Je lui indiquai simplement que j'étais disponible s'il voulait me revoir. Il expliqua à sa femme pourquoi il avait agi comme il avait agi, et la réaction de celle-ci fut : « Si tu veux divorcer, tu peux divorcer. » Quand il me l'apprit, je lui demandai comment il avait pris cette réaction, et son opinion fut, je crois, très juste. « Je pense, dit-il, que nous attendions trop d'elle. Cela dépasse sa capacité de compréhension. » Il avait fait tout ce qu'il voulait faire — terminer ses liaisons, s'expliquer à sa femme — et il se sentait fier de lui. Je pense que, pour la première fois dans sa vie, il se sentait vraiment « un homme ».

Il était allongé, les yeux fermés, très près de sa fin, paisible — il était fier de lui — quand sa femme se précipita dans mon bureau, sans même frapper, et me cria : « Il ne parle plus. » J'essayai de lui expliquer que son mari avait dit tout ce qu'il avait à dire. Encore plus furieuse, elle lança : « Je sais bien, mais vous ne comprenez pas que j'ai amené tous ses cousins, qui viennent de loin, et qu'il pourrait au moins leur dire bonjour. » Il était évident que cette femme ne pouvait pas écouter. Je me dis : « Peut-être qu'elle peut voir. Si elle voit le paisible visage de son mari, si près de sa fin, peut-être comprendra-t-elle qu'il est trop tard pour qu'il fasse des politesses », et je l'accompagnai dans la chambre de son mari. Ma première impulsion fut de faire sortir tous ces gens, mais avant que j'aie pu faire ou dire quoi que ce soit, elle était allée droit sur son mari, lui avait pincé les joues et lui avait dit : « Sois poli ! » Il y avait à la fois un geste symbolique non verbal (pincer les joues) et une injonction désespérée (« Sois poli ! »). Au premier moment, vous jugez sans doute sévèrement cette femme, mais quand vous vous serez rendu compte de votre réaction vous aurez à vous demander : « Qu'ai-je à apprendre d'elle ? » Cette femme, par son geste désespéré, demande dans son affolement : « Ne va pas mourir devant moi ! Tu as toujours été le maître de maison, tu as toujours pris soin des invités. Je n'ai pas encore commencé à m'imaginer que bientôt ce sera à moi de prendre ta place. »

Dans ce cas, nous avions fait un bon travail avec le mari, nous n'avions pas fait un bon travail avec la femme. Si vous voulez vraiment aider les patients, vous ne devez pas exclure la famille. Nous essayons toujours de suivre cette règle d'or : alors que le malade passe d'un stade à l'autre, aider ceux des siens qui restent à la traîne. Si la famille peut régler avant sa mort tout ce qui restait en suspens, il n'y aura pas besoin de travail de deuil[1] — bien qu'il y ait toujours naturellement le chagrin.

La dernière étape, celle de l'acceptation, pourrait bien être la plus difficile à décrire. Le patient ne désire plus de visiteurs, n'a plus envie de parler à quiconque, a, le plus souvent, mis ses affaires en ordre, ne met plus d'espoir dans les traitements et n'attend plus que sa vie soit prolongée. Je crois que le meilleur exemple que j'en puisse donner est celui-ci, reçu dans une lettre :

J'ai un mari épatant avec qui je peux parler librement, et deux sœurs, mais à part eux, le sujet de ma maladie est tabou, on n'en parle pas, on évite même d'y faire allusion. Nous avons eu un merveilleux Noël et je rends grâce de me sentir aussi bien deux ans après que le diagnostic ait été posé. On m'a mise au Prednisone, par intervalles, depuis août, et cela semble pour le moment efficace. Le pire, c'est la faiblesse générale, et avoir affaire à cinq petits garçons remuants, âgés de deux ans et demi à huit ans, cela m'épuise très vite..., mais on se soucie un peu moins de la poussière dans les coins, et on est heureux des enfants tels qu'ils sont maintenant, sans s'interroger sur leur avenir : le Seigneur en prendra soin. Il y a bien des choses que je voudrais leur dire, alors je mets par écrit ce que je pense, et un jour, quand ils seront assez grands pour le comprendre, leur papa pourra le leur lire. Nous vivons dans un monde où l'on se dépêche tout le temps, très peu de gens savent jouir vraiment de la vie quotidienne, on fait toujours des plans pour demain, pour l'année prochaine. Mon mari et moi, nous avons connu bien des difficultés, mais nous avons vécu pleinement et joui de la vie plus que certains dans toute leur existence. A notre réunion de Noël une voisine m'a regardée dans les yeux et m'a dit : « Comment pouvez-vous être aussi heureuse ? » Je lui ai

1. Selon Freud et Mélanie Klein, le « travail de deuil » est une défense contre l'agression que constitue la mort d'un être aimé (ceci par des rituels dont la mise en scène cherche à rendre la douleur supportable) et contre la culpabilité fréquemment éprouvée, qui consiste à se croire en partie responsable de cette mort. *N.d.T.*

répondu que j'étais heureuse, et que cela ne servait à rien d'être triste et d'attrister les autres. J'ai parfois des sentiments de découragement, surtout quand nous parlons de notre avenir, mais alors je me mets à penser à autre chose, ou à faire quelque chose pour les enfants. Personne ne connaît l'avenir avec certitude, sinon le Seigneur... alors je vais pour le moment me sentir heureuse!

Quand un malade en est arrivé à l'acceptation, cela ne veut pas dire nécessairement qu'il est proche de sa fin. Voilà ce que nous pourrions enseigner aux enfants, dès avant l'âge de l'école. Le stade de l'acceptation, simplement, est atteint quand, ayant regardé en face leur finitude, les gens vivent une autre qualité de vie, avec d'autres valeurs, apprennent à jouir de chaque jour qui leur est donné, ne se tourmentent pas trop de ce que sera demain, et espèrent avoir encore beaucoup de temps devant eux pour vivre ainsi.

Je voudrais ajouter qu'il y a une différence entre l'acceptation et la résignation. L'acceptation est le sentiment d'une victoire, un sentiment de paix, de sérénité, de soumission sincère à ce qu'on ne peut modifier. La résignation est plutôt un sentiment de défaite, d'amertume, de : « à quoi bon ? », de « j'en ai assez de lutter ». Je dirais volontiers que 80 % des malades dans les asiles sont à ce stade de la résignation.

Je voudrais vous donner brièvement un exemple de la différence. Il y a quelques années, je m'étais rendue auprès d'un vieillard de 83 ans, un vieil homme plein de sagesse que je voyais surtout en amie. Il m'a dit : « Dr Ross, il n'y a rien que vous puissiez faire pour moi, sinon prier le Seigneur qu'il me prenne bientôt. » Je ne l'ai pas vraiment écouté. Je pensais qu'à son âge, il en était au stade de l'acceptation et qu'il parlait en toute sincérité. Je ne suis restée que quelques minutes auprès de lui. Environ un mois plus tard, je fus appelée en Suisse où ma mère était sur le point de mourir. Avant de partir, le seul malade que je désirais voir était ce vieil homme si sage, et ceci, sans aucun doute, pour « recharger ma batterie » (je voulais espérer que ma mère serait dans le même état d'esprit que mon vieil ami). Mais je fus déçue : il n'était plus le même homme, calme, paisible, acceptant — celui que j'avais besoin de voir. Il m'accueillit dans le vestibule et me demanda tout de suite : « Dr Ross, avez-vous prié pour moi ? » J'ai répondu : « Non... » Il m'interrompit aussitôt : « Dieu soit loué ! Vous rappelez-vous cette dame de 73 ans, de l'autre côté du couloir ? » Il en était tombé amoureux, il voulait vivre encore, il avait peur que j'aie prié trop vite et que le Seigneur ait pris ma demande au sérieux !

Voilà une occasion où je n'avais pas écouté. Si je l'avais écouté quand il m'avait dit : « Demandez au Seigneur qu'il me prenne bientôt », j'aurais dû m'asseoir et lui demander : « Pourquoi si vite ? » Il m'aurait sans doute répondu : « Que voulez-vous dire ? J'ai 83 ans, je reste assis devant la télé, je fais peut-être des petites choses en ergothérapie, mais personne ne se soucie que je vive ou que je meure. Ce serait aussi bien que je m'en aille. » C'est là de la résignation, non de l'acceptation. C'est dire qu'il nous faut aider ces personnes à trouver à leur vie un sens, un but, même si elles n'ont plus qu'une activité limitée. Les séances de télévision, la fabrication en ergothérapie d'objets inutiles, ne remplaceront jamais la sollicitude humaine, s'adressant à des exigences humaines. Une personne de 73 ans lui donnait l'impression qu'elle avait besoin de lui, qu'il était attendu et encore aimé. Et il voulait vivre encore !

Il y a parmi nous beaucoup d'enfants qui ont les mêmes exigences. Je ne parle pas seulement des retardés mentaux, des malades chroniques, des enfants au seuil de la mort. Je pense aux nombreux enfants qui sont en garderies ou en orphelinats. J'ai un grand espoir : je voudrais que lorsqu'on ouvre un asile de vieillards, une maison de retraite, on construise sur le même terrain un centre de garderie pour les enfants. Les vieilles personnes auraient de l'affection pour ces petits enfants, s'en occuperaient, alors qu'elles sont seules, et trouveraient ainsi un nouveau centre d'intérêt pour leurs vieux jours, au lieu de rester devant la télévision. Je pense que beaucoup de ces vieillards, au seuil de la mort, seraient arrivés à l'acceptation, plutôt qu'à la résignation.

LA MORT DES ENFANTS

Depuis quelques années je travaille presque uniquement avec les enfants proches de la mort. Je pense que le plus souvent les enfants mourraient bien plus facilement que les adultes, si nous, les adultes, nous ne faisions pas un tel mystère de la mort. Des petits enfants, même dès trois, quatre ans, peuvent parler de leur mort et se rendre compte qu'elle approche. Mais, il faut nous le rappeler, dans ces moments-là ils utilisent surtout un langage symbolique et non verbal.

Nous avons, tous, deux craintes innées : la peur de tomber, la peur que fait naître un bruit violent. Mais les autres craintes sont acquises et les adultes les transmettent aux enfants. Quand les petits enfants doivent être hospitalisés, ils ont surtout peur d'être séparés de leurs parents (c'est pourquoi je pense qu'il ne faudrait pas imposer de limites d'heures aux visites des parents). Quand ils ont atteint trois ou quatre ans, à cette peur de la séparation s'ajoute la crainte de la mutilation. A cet âge, ils commencent à voir la mort autour d'eux, ils ont pu voir un chat ou un chien écrasé, ou un oiseau déchiré par un chat, et ils associent la mort avec l'image d'un corps affreusement mutilé. C'est aussi l'âge où les enfants prennent conscience de leur corps et en sont fiers. Les petits garçons découvrent qu'ils ont quelque chose qui manque aux petites filles, ils veulent devenir grands comme Superman ou comme leur papa. Si l'on doit leur prendre du sang, ils crient comme si on leur arrachait le bras. Très souvent, les parents promettent à l'enfant toutes sortes de récompenses s'il ne crie pas : cela donne une très mauvaise ambiance quand il souffre de leucémie ou d'autres maladies qui connaissent des rémissions et des rechutes, car l'enfant se rend vite compte que plus il crie, plus beau sera le jouet qu'il recevra.

Nous pensons qu'il nous faut être avec les jeunes enfants très sincères, très honnêtes, ne pas leur promettre un jouet s'ils sont sages, ne pas leur dire que ça ne fait pas mal si l'intervention doit faire mal. Non seulement on peut leur dire ce qui va être fait, mais on peut le leur montrer : nous nous servons souvent d'une poupée et nous montrons à l'enfant l'intervention à pratiquer sur le corps de la poupée, ou d'un ours en peluche ; ils savent ainsi parfaitement à quoi ils doivent s'attendre. Cela ne veut pas dire qu'ils ne crieront pas quand on leur fera une piqûre ou une ponction de la moelle épinière, mais ils savent qu'on leur a dit la vérité et accepteront mieux l'intervention que si on leur avait menti.

Après avoir connu la peur de la séparation et celle de la mutilation, les enfants commencent à parler de la mort, comme s'il s'agissait d'un état provisoire. Il serait très important que les adultes comprennent mieux cette conception de la « mort provisoire » : elle se manifeste, à mon avis, à l'âge où l'enfant se sent impuissant en face d'une maman qui s'oppose toujours à ses désirs. Il se sent empli de colère, mais sa seule arme, quand il a quatre ou cinq ans, c'est de souhaiter que sa mère tombe morte. Cela signifie au fond : « Je te fais mourir maintenant parce que tu es une méchante maman, mais dans deux ou trois jours, quand je voudrai que tu me fasses une tartine de confiture, je te referai vivante. » Ma petite fille de quatre ans a réagi de cette façon quand nous avons enterré notre chien, à l'automne. Elle me regarda et dit : « Ce n'est pas bien triste. Au printemps, quand les tulipes sortiront, il sortira aussi et viendra jouer avec moi. » Je trouve important que nous permettions aux enfants de croire cela, bien que ce soit opposé à la vérité scientifique, comme de les laisser croire au père Noël tant qu'ils éprouvent le besoin d'y croire. En devenant un peu plus âgés, ils commenceront à comprendre l'aspect définitif de la mort. Ils lui donneront souvent un aspect personnel. Aux États-Unis c'est le « fantôme », en Suisse c'est souvent un squelette armé d'une faux, cela dépend de chaque culture. Vers huit ou neuf ans, les enfants commencent à voir, de la même façon que les adultes, que la mort est quelque chose de définitif.

Toutefois, les enfants hospitalisés pendant des mois grandissent généralement plus vite en maturité que les enfants qui vivent dans des conditions protégées. Physiquement, ils paraissent jeunes, petits, mais ils sont plus avancés que les autres enfants quand ils envisagent leur propre mort. En voici un exemple, qui montre également que l'enfant peut, alors que les grandes personnes se demandent encore comment lui parler de la mort imminente, l'évoquer lui-même avec simplicité.

Nous avions à notre hôpital une petite fille de sept ans qui allait mourir de leucémie. L'équipe soignante trouvait qu'elle posait trop de questions : elle demandait souvent pourquoi d'autres enfants étaient morts dans ce service, — et plus elle interrogeait de gens, plus elle recevait de réponses différentes. Ayant compris très vite que, pour les grandes personnes, il y avait là un problème, elle changea de tactique et demanda à chacun : « Comment ça se passera si je meurs ? » Pris de court, chacun répondit, je pense, à sa façon. Le médecin dit : « J'entendrai la sonnerie qui m'appellera. » Il éludait, c'était une réponse neutre, elle ne pouvait faire ni de bien ni de mal. La petite fille continua en interrogeant l'infirmière ; celle-ci lui dit : « Petite vilaine, veux-tu bien te taire, prends tes médicaments et tu guériras. » Cette réponse-là est plus nocive, c'est une projection de la conception de l'infirmière : « La mort est une punition », ce qui veut dire au fond : « Si tu es vilaine, tu vas mourir » et c'est là un mensonge. Elle questionna ensuite l'aumônier, qui eut aussi envie de s'esquiver, mais se ravisa et lui demanda : « Qu'est-ce que tu penses, toi, qui se passera ? » Soulagée d'avoir trouvé quelqu'un qui ne se dérobait pas, la petite lui répondit : « Je pense que ce qui arrivera, c'est que je m'endormirai un de ces jours et quand je me réveillerai, je serai avec Jésus et avec ma petite sœur. » L'aumônier lui dit : « Ce sera sûrement merveilleux ». Elle acquiesça, et retourna jouer en sautillant. Je ne vais pas dire que tous les enfants réagissent avec autant de maturité et si peu de frayeur à l'idée de leur mort. On peut supposer que cette petite fille vivait dans une famille croyante, où l'on s'aimait, où l'on acceptait la mort comme faisant partie de la vie. Cela — que la mort fait partie de la vie —, il est important de l'enseigner aux enfants avant qu'ils aient l'âge de l'école. Si nous le faisons, ces enfants n'auront pas à passer, plus tard, par les différentes étapes que nous avons décrites plus haut.

Les parents passent souvent par ces étapes quand ils doivent envisager la mort d'un enfant très aimé, et le plus difficile, je pense, est pour eux d'accepter la mort de cet enfant. Nous devons faire tous nos efforts pour les aider, et de préférence avant que la mort ne survienne. Je voudrais vous faire part d'un cadeau d'anniversaire que j'ai reçu de la mère d'un enfant leucémique, et qui est l'un de mes biens les plus précieux.

Pendant près d'un an, j'avais eu des entretiens avec les deux parents. Chaque fois que la mère pensait qu'elle avait un peu progressé, elle pouvait écrire un poème décrivant par quoi elle avait passé. Je vais simplement reproduire ces poèmes en les commentant très brièvement.

Aujourd'hui j'ai vu un enfant prêt à mourir,
Au sourire trop lent à naître, au visage terreux,
Dont le regard errait bien loin d'ici, ailleurs,
Et je me suis demandé si demain mon enfant serait ainsi.

Je le tiens, mon enfant, je lui donne un baiser
Il répond par un grand sourire qui me rend heureuse,
Et je crois presque que rien ne va mal.
Oh ! s'il pouvait rester toujours ainsi !

Il est chaud et vivant, disposé à sourire,
Il bondit, il saute, il court longtemps
Innocent petit qui ne connaît ni le mal ni la ruse.

Tout ce que je demande: le garder encore un peu.

Qui doit partir, et qui doit rester?
Jusqu'au dernier moment, comment le savoir?
Il doit en être ainsi, sans rime ni raison.
Mais en moi cela crie: «Pas le mien, non, jamais!»

Ce poème décrit un refus partiel. La mère sait intellectuellement ce qui va arriver à son enfant, mais au fond d'elle-même elle ne peut y croire et elle dit : « Non, jamais ! » Le poème suivant évoque aussi le petit Kenny qui partageait la chambre de son fils :

Il a huit ans, mais il en paraît davantage,
Il a été trop longtemps dans l'antichambre de la mort.
Je me demande dans combien de temps il va mourir.
Il est devant nos yeux comme un funèbre avertissement.

Je pense à mon enfant à moi, et à ce que j'en ferai,
Et à ce que je peux donner s'il traverse cet enfer.
J'ai peur quand je crie: «Je ne veux pas qu'il parte»,
Mais s'il doit partir, que ce ne soit pas aussi lent!

Un enfant ne devrait pas mettre tant de temps à mourir, il me semble,
Il ne devrait pas n'être plus que souffrance et que cris,
Qu'il meure comme il a vécu, alors qu'il riait toujours.
Quand le mien partira — s'il part —, que ce soit avec une chanson!

Le poème suivant s'intitule : « A Kenny, un adieu plein d'amour. »

Tu nous as quittés cette nuit, très vite.
Tu savais, je crois, qu'il était temps de partir,
Mieux que ceux qui voudraient rester encore
Une heure de plus, ou un autre jour.

Il était temps de partir, alors que tu pouvais encore,
Quoique ligoté physiquement, être libre en esprit.
Tu pouvais sourire encore, tu pouvais encore chanter,
Encore faire tant de choses.

Il y a ici-bas des batailles où l'on ne peut être vainqueur.
Le combat a été dur, mais à présent c'est terminé.
Tu as lutté de ton mieux, tu as fait tous tes efforts,
Et à présent, cher Kenny, il est temps de te reposer.

Sentez-vous qu'il y a une certaine acceptation en face de la mort de Kenny ? Cette mère est avec Kenny comme nous sommes avec nos patients. Si l'on n'est pas capable d'envisager sa propre mort, il est concevable qu'on ne puisse accepter la mort des malades. Chaque fois que vous oserez vous impliquer vraiment avec vos patients et parvenir à l'acceptation, vous ferez un pas de plus dans l'acceptation de votre propre finitude. Cette mère ne pouvait pas encore accepter la mort de son enfant, mais elle a pu accepter la mort de Kenny, et cela l'aidera à envisager que son petit garçon puisse mourir. Elle a écrit aussi un poème intitulé : « Bon anniversaire, petite Betty de neuf ans », le voici :

A neuf ans, on devrait être heureuse, prête à courir,
A jouer à la poupée, à toutes sortes de jeux,
A s'amuser à se faire une coiffure à la mode,
A bavarder et glousser de rire avec les petites amies.

Mais pas à rester allongée dans un lit d'hôpital,
Avec des aiguilles dans le bras, sans cheveux sur la tête.
Il semble pourtant que cela convienne, et je crois savoir pourquoi.
Née dans un hôpital, elle y est revenue pour mourir.

Elle semble vouloir trouver un sens à ce qui n'en a pas. Elle passe du stade du refus au stade de la colère, et détourne cette colère sur l'équipe soignante. Je ne citerai que quelques lignes d'un poème qu'elle a intitulé « Le chant de l'Interne » :

« Je suis l'interne grand et fort — Croyez-le, je ne vous ferai aucun tort — Je fais tout vivement, je fais tout promptement — Qu'importe si ce n'est fait qu'à moitié ? — Demain je m'exercerai peut-être sur vous — ponctions lombaires, piqûres, une intraveineuse ou deux — Dans quelques années je serai vraiment capable — Vous n'avez qu'à supporter mon inexpérience pour le moment. »

Après des semaines de colère dirigée contre tous ceux qui approchent son petit Jeff, elle en arrive au stade du chagrin, et elle essaie de s'imaginer ce que ce sera quand le petit garçon ne sera plus de ce monde. Elle écrit un poème : « La salle de jeu de l'hôpital ».

Venez à la salle de jeux, et regardez,
Voici tous les jouets des enfants qui sont morts.
Voici la poupée de Betty, et le livre de Mary,
La batte, la balle et le gant de basket étaient à Larry.

On se sert tous les jours des crayons de Kenny,
Le livre de coloriage appartenait à Kay.
Des boîtes de jouets, des boîtes de joies,
C'est tout ce qui reste des enfants qui sont morts.

Je me demande ce que nous laisserons de Jeff
Dans ce cimetière qui dit que ces enfants ont vécu :
Un puzzle, un livre, ou sa belle bicyclette neuve,
Sa voiture de pompier ou le vieux tricycle rouge,

On suppose que c'est un plaisir de venir ici et de jouer
Avec un petit enfant malade qu'on rend heureux aujourd'hui.
Mais mes yeux et mon cœur voudraient s'en aller de ce lieu :
Il est plein des fantômes des enfants que nous connaissions.

Après être passée par cette étape du chagrin préparatoire, elle est à présent très proche du stade de l'acceptation ; mais il lui est difficile d'y parvenir, parce qu'elle n'a aucune idée d'une certaine forme de vie après la mort. Elle n'a aucune foi religieuse. Pour elle, quand on est mort, on est mort. Alors elle se demande ce qui va arriver à son petit Jeff, et elle écrit : « Où t'en vas-tu, mon petit garçon ? »

J'ai vu passer un garçon à bicyclette,
Il avait dix ans, ses yeux étaient bleus,
Il était mince comme toi, avec des cheveux blonds, raides.
Mais j'ai eu beau le regarder, tu n'étais pas là.

Un groupe d'enfants jouait à la balle,
Garçons et filles, grands et petits.
J'étais inquiète et ma peur grandissait,
Car j'avais beau essayer, je ne pouvais te découvrir.

Tu n'étais pas vraiment l'un d'eux, mon petit garçon,
Tu seras toujours différent des autres.
Ici pour un peu de temps, et puis parti ailleurs :
Si seulement je savais où, je trouverais le repos.

J'ai levé les yeux vers les nuages, passant comme des vagues,
Flottant librement dans un ciel paisible,
Si beaux et légers — n'ayant aucun souci,
Et enfin, mon fils, là-haut je t'ai trouvé.

Je ne sais si vous avez vu cette image peinte par un petit garçon de huit ans qui, parvenu à l'acceptation, avait dessiné une colombe, l'oiseau de la paix, s'envolant vers le ciel. C'est d'un symbole analogue d'acceptation paisible que s'est servie cette mère quand elle a écrit : « J'ai regardé les nuages... si beaux et légers, sans aucun souci, et enfin, mon fils, là-haut je t'ai trouvé. » Elle a composé aussi un poème qui évoque l'avenir :

J'entasse aujourd'hui tout ce que je peux,
Car aujourd'hui, c'est demain pour notre petit homme.
Je fais des souvenirs, et je les garde bien
Car l'avenir n'est composé que du passé.

Le sentiment de panique est lent à me quitter,
J'ai passé tant de temps à me préparer au deuil.
Pourquoi s'en va-t-il? pourquoi est-ce que rien ne dure?
L'avenir ne devrait pas n'être fait que du passé.

Mais certaines chansons sont courtes et d'autres longues.
Quatre ans de perfection, pour encore une courte chanson.
Mais aujourd'hui il chante, il est vivant et fort
Et l'avenir est devenu présent, l'aujourd'hui.

Quand sa mère fut parvenue à l'acceptation, eut appris à jouir du jour présent sans trop penser au lendemain, le petit Jeff sentit très vite que sa maman était prête à parler franchement avec lui. Il commença à parler de la mort, et sa mère traduisit ce qu'il lui disait dans un poème :

« Où est allé Kenny? »

Maman, où est allé Kenny?
Il était mon ami, je l'aimais beaucoup.
Voici longtemps que je ne l'ai pas vu,
Et je ne peux m'imaginer où il a été.

Kenny est mort?
Qui l'a tué, Maman?
Je me demande: un revolver, ou une bombe?

Oh, personne ne l'a tué,
Il a été si malade
Que son corps ne fonctionnait plus,
Et il est mort très vite.

Où était-il, Maman, quand il est devenu mort?
En train de jouer à la maison, ou quelque part, dans un lit?

Je l'aimais bien, Kenny, il me manquera beaucoup,
Mais rien de mal n'est arrivé, on ne l'a pas tué.
Il est mort seulement comme nous tous un jour.

Maintenant, Maman, je vais aller jouer.

Vous avez noté au passage, je pense, cette conception de la mort comme d'une catastrophe brutale, quand l'enfant demande : « Qui l'a tué ?... un revolver, ou une bombe ? » Quand sa mère lui a expliqué qu'il ne s'agissait pas d'un meurtre, il dit tout de suite : « Rien de mal n'est arrivé... il est mort seulement comme nous tous un jour. » Avez-vous bien écouté cet enfant, avez-vous remarqué sa dernière préoccupation ? Il demande : « Où était-il quand il est mort ? A la maison en train de jouer, ou quelque part, dans un lit ? » La vraie question qu'il pose est celle-ci : allez-vous m'expédier encore à l'hôpital, ou est-ce qu'on me permettra de mourir à la maison ? Le petit Jeff savait bien que lorsqu'il serait près de la mort, on le conduirait à l'hôpital, comme c'est le cas du plus grand nombre de nos patients.

A peine quelques semaines passèrent, et Jeff, atteint d'une pneumonie, commença à parler à nouveau de sa mort qui approchait. Il dit à sa mère, à l'improviste : « Tu sais, Maman, maintenant, je me sens si malade que je pense, cette fois, que je vais mourir. » Un an auparavant sa mère lui aurait dit probablement : « Tais-toi, ne dis pas ça, tu vas guérir. » Cette fois, elle fut capable de l'entendre, de s'asseoir près de lui et de dire : « Qu'est-ce que tu penses qui va se passer ? » Ce petit garçon de quatre ans répondit : « Voilà ce qui va arriver, je pense que tu vas me sortir de l'hôpital dans une ambulance et m'emmener à l'endroit où on a mis Betty. » Il s'agissait de la petite fille morte quelques mois auparavant. Jeff ne connaissait probablement pas le mot « cimetière ». Il ajouta : « Oui, tu devrais dire qu'on mette la lumière à l'ambulance et qu'on fasse marcher la sirène très fort pour que Betty sache que j'arrive. » C'est là un exemple de la façon dont les petits enfants, entre trois et cinq ans, peuvent parler de leur mort, si nous ne nous dérobons pas quand ils sont disposés à en parler.

Jeff vécut jusqu'à son neuvième anniversaire ; comme sa mère sans le savoir l'avait prédit (« J'ai vu passer un garçon à bicyclette... »), il put faire ce qu'il désirait, tourner autour du pâté de maisons sur sa bicyclette neuve — moins neuve à présent — peu avant sa mort. Il avait demandé à ses parents d'y ajouter de petites roues, ce qui lui permit de rouler, bien qu'il eût un peu l'air d'un homme ivre à cause de la complication cérébrale de sa maladie.

Quand il fut trop fatigué, il retourna dans sa chambre. Ses parents, à sa demande, enlevèrent les petites roues, lui montèrent dans sa chambre le vélo bien-aimé et le laissèrent seul. C'est seulement lorsqu'il eut bien frotté et astiqué ce bien précieux, qu'il demanda que son jeune frère vînt dans sa chambre et qu'il lui présenta la bicyclette comme cadeau d'anniversaire. Jeff mourut une quinzaine de jours plus tard, fier d'avoir réussi ce qu'il avait toujours désiré faire, et plus heureux encore d'avoir pu léguer sa chère bicyclette à son frère, qui était assez grand — il avait sept ans — et assez vigoureux pour pouvoir s'en servir sans les roues stabilisatrices.

J'ai connu une autre mère dont le fils est mort à 12 ans et qui était certaine qu'il ne parlait jamais de sa mort. C'est seulement après sa mort qu'elle retrouva un poème écrit par ce garçon de douze ans : il témoigne de la maturité de certains de ces enfants qui emploient pour évoquer leur mort, dont les adultes ne veulent pas entendre parler, un langage qui leur est propre. Il l'avait intitulé : « La flamme ».

La flamme est comme un être humain,
Elle vit et meurt,
Sa vie est ardente, impétueuse,
Tant qu'elle dure — elle danse et saute et elle
Semble vivre sans aucun souci.
Bien qu'elle puisse être joyeuse pour un peu de temps
Elle a une mort tragique.
Le tragique, c'est qu'elle lutte pour ne pas mourir.
D'abord elle lance un éclat magnétique, bleuâtre, inquiétant,
Et juste avant de s'éteindre, elle vacille et saute
Et recommence à vivre.
Alors, il semble que son élan vital

Pour survivre sera victorieux;
Mais ni la flamme ni l'humain ne sont destinés à la vie éternelle.
La mort est proche — la flamme crépite en s'allongeant comme
Pour s'accrocher à un fil qui pendille, en s'efforçant
De résister au destin qui la menace — mais rien n'y fait...
La mort a exténué ce qui s'opposait à elle
Et a vaincu!

Tel est le langage d'un enfant de douze ans à l'approche de la mort. J'espère que de plus en plus, les parents comprendront que des enfants peuvent parler de leur fin proche — et aussi que les enfants eux-mêmes aideront leurs parents à envisager cette fin. Je voudrais que nous cessions d'éluder ce sujet de la mort, que nous en parlions aux enfants beaucoup plus tôt. Si nous pouvions le faire, il n'y aurait pas besoin de spécialistes pour entretenir les mourants, les patients ne seraient pas abandonnés à la solitude dans nos services d'hôpitaux, et tous nous pourrions regarder en face cette réalité : un jour ou l'autre, tôt ou tard, nous aurons à mourir.

Nous avons travaillé depuis dix ans avec des mourants et nous avons passé beaucoup de temps avec des parents et des frères et sœurs d'enfants à l'article de la mort. Comme chacun de nous n'a qu'un temps limité entre le diagnostic d'une maladie létale, ou l'accident, et le moment précis de la mort, le problème du temps s'est souvent posé. Nombre de psychothérapeutes et de médecins se tiennent simplement à l'écart de ces « clients », estimant qu'une conversation utile avec ces familles demanderait trop de temps. Mais ce n'est pas vrai.

Nous avons souvent évoqué le langage symbolique et la nécessité d'enseigner et d'apprendre ce mode de communication, et son interprétation chaque fois que possible. Avec l'aide d'une technique élaborée de l'Hôpital cantonal de Zurich, où j'ai fait mes études de médecine, nous avons pu reconnaître la compréhension qu'ont les jeunes enfants de leur maladie et de l'approche de leur mort. Nous avons utilisé un moyen simple, demandant peu de temps, pour aider des frères et soeurs (cas de L.) et des enfants au moment de la mort de leur mère (cas de D. et de B.) à exprimer leurs inquiétudes et leurs idées, afin de les aider dans une situation de crise où le temps manque pour un travail thérapeutique prolongé.

Je voudrais présenter rapidement comment on peut recueillir et analyser des données concernant ce mode d'intervention. J'ai demandé à l'un de mes étudiants, Gregg Furth, de résumer ce qu'il a appris en Angleterre de Susan Bach et qui lui donne une compétence, en ce domaine, que personne aux États-Unis n'a actuellement à ce point.

Deuxième partie

Ce qu'apprennent les dessins faits dans des circonstances graves

par Gregg M. Furth, Ph. D.

Tout artiste, quand il veut représenter et commenter le monde où il vit, utilise son registre propre. Nous avons tous notre mode particulier de voir et de ressentir le monde où nous vivons, et chaque artiste, comme on peut s'y attendre, s'intéresse à un aspect différent de la réalité. Une soupière peinte par Chardin reflète des valeurs, des attitudes devant l'art et la société, tout autres que celles qu'exprime le *Jugement dernier* de Michel-Ange.

L'enfant nous livre une image de son monde souvent plus directe et plus nette que celle que donnerait un artiste, parce que l'enfant n'a guère de technique artistique : quand il investit dans son dessin ce qu'il ressent, ce qu'il pense, il ignore les critiques qui lui reprocheraient d'avoir mal dessiné son arbre, de ne pas l'avoir représenté comme on le fait d'habitude. Quand il dessine un arbre, pour lui c'est un arbre, et si nous ne l'identifions pas, il nous le dira volontiers. Ses sentiments, ses modes de pensée, conscients et inconscients, semblent s'être libérés et traduits immédiatement sur le papier.

Au fond, si nous considérons le dessin de l'enfant sans nous soucier d'esthétique, nous trouverons que son image du monde est moins dissimulée que s'il se pliait à une technique. Le choix de ce qu'il va représenter et la façon dont il le représente révèlent souvent des impressions inexprimées au niveau du conscient.

Qu'il s'agisse d'analyser des griffonnages jetés sur le papier ou de regarder l'art « sérieux » avec l'œil du critique, nous pouvons retenir ceci : une action non verbale traduit des sentiments et des représentations mentales qui émanent à la fois du conscient et de l'inconscient. Quand un enfant malade décide de faire un dessin, que se passera-t-il ? Le monde de l'enfant gravite à présent autour de son corps atteint par la maladie, nous pouvons nous attendre à en trouver le reflet dans son dessin. Si l'enfant est sur le point de mourir, il se peut que son dessin révèle ce qu'il connaît, ce qu'il ressent, et nous alerte sur ce qui lui manque, ou nous confirme qu'il a trouvé la paix intérieure. La découverte de ses inquiétudes, de ses désirs, ou de ses prises de conscience, peut aider ceux qui s'occupent de lui à réagir de façon appropriée, à répondre à ce que son état exige. En un sens, le dessin donne à l'enfant la liberté de porter un diagnostic sur lui-même : aux autres d'apporter le soutien psychologique nécessaire pour apaiser la peur ou le trouble qu'il ressent. Mais ce diagnostic porte-t-il sur la condition physiologique autant que sur l'état psychologique de l'enfant ?

Jusqu'ici, j'ai suggéré qu'un enfant enregistre dans ses dessins spontanés les sentiments et les réflexions qu'il ne verbalise pas. Et il est utile que les adultes en contact avec lui le sachent. Mais je voudrais suggérer aussi que l'enfant donne sur lui-même une sorte de « dossier médical », et il serait bon que l'équipe soignante connaisse ce dossier.

Susan Bach, psychanalyste à Londres, a étudié les dessins spontanés d'enfants au seuil de la mort. Elle insiste sur la relation entre le corps (*soma*) et le psychisme : l'un et l'autre agissent en commun pour maintenir en vie et en santé. Si elle a raison d'attirer notre attention sur cette interdépendance, nous remarquerons qu'on la découvre dans les dessins non dirigés des enfants. Et si nous pouvons l'y reconnaître, le dessin nous aidera à traiter l'individu entier : corps et personnalité. En particulier, il nous permettra de donner à celui qui va mourir le sentiment de la totalité de la vie, dont il a le besoin et le désir.

J'ai vu des enfants et des adultes atteindre cet état d'unité harmonieuse entre le corps et l'esprit : ce sont ces mourants dont la vie s'achève sereinement dans le sentiment que tout est accompli et que ce n'est pas absurde. L'enfant mourant peut avoir ce sens d'accomplissement, même s'il ne l'exprime pas avec les mots qu'emploierait un adulte. Je pense que le patient, dans ses derniers jours, a le droit de compter sur les autres pour l'aider à atteindre une vie aussi complète que possible. Et l'enfant aussi a ce droit. Il nous faut reconnaître les besoins dont il ne parle pas, et les satisfaire. Je suis convaincu que ces besoins, ces désirs, ces inquiétudes, nous sont communiqués par le dessin.

Ma recherche a porté d'abord sur des enfants leucémiques, au dernier stade de la maladie. Mon hypothèse était que les dessins de ces enfants devaient être nettement différents de ceux d'enfants en bonne santé. Cette hypothèse se vérifia. J'observai en outre que le psychisme, de toute évidence, se traduisait dans les dessins d'enfants bien portants. Cette nouvelle recherche indiqua que des sujets en bonne santé, mais aux prises avec quelque trouble affectif, révèlent effectivement des indices intéressants dans leurs dessins spontanés. (Cela ne peut surprendre, si l'on se rappelle que Susan Bach a commencé par analyser les dessins de patients dans des hôpitaux psychiatriques, patients qui n'avaient aucune maladie organique.)

Dans les descriptions de cas qui suivent, je voudrais montrer comment j'ai recueilli des informations dans les dessins soit d'individus en bonne santé, soit de patients atteints d'une maladie organique grave. Dans l'un et l'autre cas, ces informations portent sur le conscient et l'inconscient du sujet, et permettent de faire face à la situation de façon constructive. Mais pour pouvoir les utiliser ainsi, il est essentiel d'apprendre à « lire » ces dessins — qui sont des diagnostics — et à connaître leur « mode d'emploi ». Cela n'est possible que si l'on s'est consacré à les étudier et que si l'on a acquis une expérience dans ce domaine.

On me demande souvent si cette analyse du dessin ne s'applique qu'aux dessins d'enfants. On peut encourager les adultes à dessiner, eux aussi, de façon spontanée, bien qu'au début ils soient plus inhibés que les enfants pour le faire. Les images des adultes reflètent autant que celles des enfants la condition psyché/soma. Mais souvenons-nous que dans tout adulte il y a un enfant, qui s'exprime dans le dessin de cet adulte. Ce peut être « l'enfant blessé » — blessé parce que, bien des années auparavant, il n'a pas reçu l'amour et le pardon indispensables pour rendre l'individu capable de vivre l'existence qu'il aura à mener. Ou encore, cet « enfant » peut représenter une possibilité non encore réalisée, une potentialité psychologique ou somatique, négative ou positive, et préparer le sujet à sa manifestation future.

Tous ceux d'entre nous qui travaillent dans le domaine de la thanatologie s'efforcent d'aider les mourants à jouir, dans le peu de temps qui leur reste à vivre, d'une qualité de vie aussi bonne que possible. Que faisons-nous pour cela ? Nous ne pouvons être seulement les serviteurs de la Mort, nous sommes appelés à servir à la fois la Vie et la Mort. Les vivants doivent aider à fêter la vie tant qu'elle est encore là. Ma tâche, et celle de mes collègues, consiste à nous servir de ces dessins que font, à des moments graves de leur vie, des enfants et des adultes — à nous en servir pour reconnaître de quelle aide ils ont besoin afin de retrouver l'harmonie entre le corps et l'âme, et pour contribuer à leur donner cette aide. En plus du gain thérapeutique que les sujets peuvent puiser dans leurs dessins, ces dessins parfois apportent un grand secours aux parents, à d'autres personnes aimées, comme nous allons le voir dans les exemples qui suivent.

LAURA

Le premier dessin que nous examinerons est dû à Laura, une étudiante de 30 ans, née à New York. Elle préparait un projet de recherche pour son doctorat en psychologie, quand elle suivit un séminaire où j'enseignai l'interprétation des dessins spontanés. Elle y vint dans un but de travail universitaire : faire dessiner des enfants et des adultes faisait partie de son programme de recherche, et elle espérait acquérir plus de perspicacité pour interpréter leurs dessins. Quand on lui demanda, dans mon séminaire, de faire un dessin elle-même, elle me dit plus tard que cela lui fut désagréable, la mit mal à l'aise. Mais, honnêtement, elle pensa que bientôt elle adresserait à des gens la même demande. Elle fit alors un dessin qu'elle m'apporta (fig. 1). Bien que des crayons de couleur fussent à sa disposition, elle se servit uniquement de son stylo à encre noire — peut-être pour ne pas révéler les « vraies couleurs » de sa personnalité.

J'avais parlé avec elle auparavant et m'étais informé de son projet de recherche. J'avais vu en elle une jeune femme très intelligente et intuitive, mais je ne m'étais pas aperçu qu'elle n'était pas sûre de la validité de l'emploi des dessins et qu'elle se sentirait gênée si on lui demandait de dessiner elle-même.

Cherchons d'abord ce que cette image peut nous indiquer au niveau psychologique, ensuite nous étudierons ses implications somatiques. Laura a voulu se représenter elle-même, dans la pièce où elle était assise. Pourtant, il y avait soixante personnes dans cette salle, vraiment encombrée de gens eu égard à ses dimensions : et elle n'a représenté personne d'autre. En outre, elle a montré dans son dessin sa situation actuelle, le présent immédiat qu'elle est en train de vivre. Les participants au séminaire pouvaient dessiner ce qui leur plaisait. Le choix de Laura de représenter l'instant présent ne pouvait-il avoir une signification ? Qu'est-ce qui n'était pas survenu et que Laura aurait souhaité ? Le titre qu'elle a inscrit sous l'image : *Un début de paix*, semble révéler que le passé pour elle n'avait pas été paisible. Je me demande quel changement s'est produit dans sa vie pour faire naître ce « début de paix ».

En observant le sofa sur lequel elle est assise, nous nous apercevons qu'il n'est pas posé sur des bases solides, et qu'il n'a qu'un accoudoir, celui sur lequel Laura, blottie dans le coin du meuble, appuie le bras. Qu'est-il arrivé à l'autre extrémité du sofa, là où il n'y a rien pour appuyer son bras, Ce meuble défectueux veut-il suggérer qu'il y a quelque part en Laura un manque de soutien ? Ce bout de sofa, où rien ne soutient, est important à observer à cause de sa position tout à fait centrale dans le dessin : nous nous en apercevons parfaitement si nous divisons la feuille de papier en quatre (fig. 2). Cet emplacement central renseigne sur ce qui a une importance particulière dans la vie de l'auteur du dessin. En outre nous remarquons que non seulement le meuble n'a pas de base, mais que personne ne s'y est assis à côté de Laura. D'une part, c'est peut-être mieux que ce côté du sofa soit laissé vide, parce qu'il se pourrait qu'en s'asseyant à côté de Laura on ne se sente pas tout à fait en sécurité, ou à l'aise. D'autre part, ce côté vide souligne l'isolement de Laura, isolement dont peut-être elle souffre. Au premier coup d'œil, je ne sais trop comment interpréter cet isolement, mais puisque Laura a choisi de dessiner un sofa sur lequel plusieurs personnes peuvent s'asseoir, plutôt qu'une simple chaise, je peux soupçonner que cette situation solitaire lui est sensible. Et parce que Laura semble collée à ce côté muni d'un appuie-bras, je me demande de quel appui affectif a dépendu cette jeune femme, et s'il lui a manqué tout à coup, ou si pour une raison quelconque elle ne peut plus l'obtenir.

Puisque le sofa est l'endroit où Laura s'est placée et que, pour ainsi dire, il représente sa vie, il semble que sa vie se soit séparée de ce qui la soutenait. Psychologiquement, ce pourrait être très favorable. Nous pouvons penser à la nécessaire désintégration du moi, à la « mort » du moi, avant que n'aient lieu l'intégration et la re-naissance (je me réfère aux phases complémentaires de désintégration et de réintégration). Lus à cette lumière, les mots de Laura : « début de paix » semblent bien indiquer qu'une réintégration peut avoir déjà commencé. En regardant de plus près la personne, je me demande s'il s'agit d'un homme ou d'une femme. La poitrine n'est nullement indiquée et je ne vois rien d'autre qui soit spécifiquement féminin. Laura est-elle pleinement consciente de la part féminine de sa personnalité ? Je lui vois des épaules bien carrées, et je me demande : « A-t-elle besoin d'épaules qui soient aussi robustes ? » Porte-t-elle une lourde responsabilité ou un fardeau pesant ? Ne se pourrait-il pas que Laura se rende compte de la responsabilité de remplir les rôles féminins traditionnels (être une épouse, être une mère, et être elle-même) et qu'elle ne sache que faire de tout ce que cela peut représenter pour elle ?

Le sourire, sur son visage, me semble forcé. Si elle a besoin de se forcer à sourire, c'est qu'au fond elle n'est pas heureuse. Et il se peut que le fardeau qu'elle porte doive être dissimulé en elle, et qu'elle doive le porter seule. D'où cette façade artificielle qu'elle présente aux autres, et son besoin d'épaules robustes pour porter le fardeau qui se fait plus lourd.

Nous remarquons que, tandis que la main droite est posée sur le bras du sofa, la main gauche est placée devant les parties génitales. Selon Aristote, la main est « l'outil des outils ». Que peuvent faire ces outils pour Laura ? L'un des outils l'aide à se tenir ferme, et je me demande si l'autre ne la protège pas.

Devant ce personnage sans caractères sexuels spécifiques, je m'interroge : Quelle est l'attitude de Laura à l'égard de l'union sexuelle ? A-t-elle peur de son instinct, de son côté « femelle » ? A-t-elle peur d'être aimée par un homme et d'avoir à se donner pour se trouver ? En regardant encore de plus près, nous ne voyons pas de sol sous ses pieds ou sous le sofa. Il semble qu'elle soit suspendue en l'air, qu'elle flotte. Qu'est-il arrivé à ses bases, à son enracinement dans la réalité ? Pourtant, il y a ce « début de paix » je crois donc que quelque chose doit être en train de se faire pour donner à Laura cette attitude optimiste. Et quoi que ce soit, cela lui donnera peut-être un sol ferme où se tenir.

Enfin, je vais examiner la moitié supérieure. Laura m'a dit que ce qui se présente sur tout le haut de la feuille, ce sont quatre fenêtres derrière lesquelles on aperçoit un soleil levant, des arbres et des buissons. Tout cela n'est pas dessiné très distinctement, c'est plutôt chaotique. En cherchant à traduire le langage pictural de Laura, nous présumons que sa vie extérieure pourrait offrir l'image d'un certain chaos, et qu'elle connaît la solitude dans sa vie intérieure. Toutefois les végétaux et le soleil sont des signes positifs, des signes de vie indiquant qu'une croissance est possible. J'en conclus que la croissance de Laura au plan externe — ses réactions à l'égard du monde et de ceux qui l'entourent — pourra porter des fleurs et des fruits.

D'autre part, si cette image évoque la totalité de Laura, les scènes extérieures de vie végétale, placées en quatre sections, pourraient évoquer les quatre saisons de l'année. Ne pourrait-il se faire que les quatre saisons vécues par Laura — la petite enfance, l'enfance, l'adolescence, l'âge adulte — aient besoin d'une croissance ? Peut-être que quand Laura découvrira son statut de femme et toutes les richesses de sa féminité, elle y trouvera les bases et le soutien dont elle a besoin. Elle m'a dit que ces quatre sections sont des fenêtres ; je pense aux vitres de ces fenêtres. Le verre transparent peut symboliser la pureté, la perfection spirituelle, ou l'Esprit. À présent, je voudrais bien savoir ce qui a pu arriver à Laura, au plan spirituel, pour créer un certain chaos dans ses « quatre saisons ».

J'ai appris avec intérêt le passé de Laura. Elle était la seconde fille dans une famille de huit enfants. Elle avait été religieuse catholique pendant neuf ans. Après toutes sortes de considérations déchirantes, elle avait quitté sa congrégation. Voici ce qu'elle écrit :

« Puisque c'est moi qui ai fait ce dessin, je vois très bien à quel point il reflète ce que je ressentais à l'époque. Ayant passé près d'un an en psychothérapie, j'ai pris conscience de tout ce qui avait imprégné ma vie jusqu'alors : désespoir, pessimisme, aliénation, inhibition sur le plan sexuel. Étant extrêmement occupée par un internat à plein temps en psychothérapie, un poste d'assistante à mi-temps en psychologie, des cours de doctorat en psychologie et le travail de ma thèse, je présentais à ceux qui m'entouraient une image de moi souriante, compétente, mais je ressentais très péniblement que je n'avais pas de temps pour moi. Tout en luttant contre le sentiment que je ne pouvais être aimée, j'avais au moins le soutien de penser que je commençais à me trouver moi-même, au plan professionnel. »

Nous avons examiné bien des dimensions psychologiques possibles du dessin de Laura. A présent nous chercherons s'il offre certaines implications physiologiques. Regardant à nouveau le dessin, je me demande : Pourquoi Laura doit-elle protéger ses parties génitales ? Et subit-elle dans son corps quelque chose qui l'oblige à avoir des épaules aussi solides ? Laura m'a expliqué plus tard qu'elle avait l'intention de représenter sa main gauche posée sur la hanche, mais que sa main avait fini par protéger la zone génitale, comme involontairement. « Je me rappelle ma surprise en constatant que j'avais si mal évalué la distance que je voulais faire parcourir à mon stylo », me dit-elle. Un an plus tard, Laura consulta un gynécologue pour un examen de routine, et apprit que le frottis vaginal [1] révélait une dysplasie [1] et un carcinome [1].

1. *Frottis vaginal* : exploration par examen microscopique des cellules vaginales ; *dysplasie* : trouble du développement somatique entraînant des difformités ; *carcinome* : tumeur cancéreuse épithéliale ou glandulaire ; *culposcopie* : technique permettant d'éclairer et d'examiner le vagin ; *biopsie* : prélèvement d'un morceau de tissu pour l'étudier au microscope. *N.d.T.*

Une culposcopie[1] indiqua qu'on ne pouvait faire une biopsie[1] sans l'hospitaliser, et Laura entra à l'hôpital où elle subit cette biopsie ainsi qu'une dilatation urétrale et une cautérisation. Plus tard, regardant à nouveau son dessin, je me suis rendu compte que Laura s'était représentée assise sur le côté le plus solide du sofa et qu'elle semblait presque en faire partie. Y avait-il en elle l'intuition, non seulement qu'elle avait besoin de protection, mais aussi que tout irait bien si seulement « elle tenait » ?

1. Voir note page 81.

BILL

Voici un dessin fait sans beaucoup de bonne volonté, et qui pourtant a donné des indices du développement psychologique et somatique de son auteur.

Parfois on ne voit pas clairement ce qu'un dessin veut représenter, et l'ambiguïté peut s'accroître encore du fait que le sujet n'exprime pas grand-chose, verbalement, au sujet de son dessin, de ses pensées, de ses sentiments. Bill, un garçon de huit ans hospitalisé, me remit des dessins qui étaient plus complexes et plus difficiles à interpréter que le dessin de Laura. J'ai pris contact avec lui alors que je recueillais des données pour ma thèse de doctorat. Il m'a fait trois dessins seulement, espacés de plusieurs semaines, et c'est surtout son premier dessin (fig. 3) qu'il a commenté.

Ce dessin ressemblait un peu à un papillon. Il m'a dit que c'était des bulles. Une chaîne de bulles va du haut en bas, coupée au milieu par une croix. Deux grandes bulles horizontales remplissent la partie centrale, séparées par la même croix centrale. Dans les quatre coins il y a une bulle isolée. Dans les deux coins supérieurs, à mesure que le dessin progressait, les bulles devinrent « à l'intérieur de fleurs ». Bill déclara que ces bulles dans les coins étaient « toutes seules et essayaient de se rapprocher. » Sur les bulles de couleur sombre alignées verticalement de part et d'autre de la croix centrale, il commenta, tout en les coloriant : « C'est comme de la saleté qui les encrasse et ça ne peut pas aller jusque-là (en indiquant la croix centrale)... alors les bulles ne peuvent pas rejoindre les autres bulles. » Dans les coins inférieurs, les bulles « flottent dans l'eau et essayent d'en sortir ». Quand je lui ai demandé s'il pensait que les bulles s'en sortiraient, il m'a répondu : « Elles pourraient. »

J'ai trouvé décevant et attristant de ne pouvoir parler de leur maladie avec les patients que je visitais : je n'étais autorisé qu'à les laisser discuter avec moi de leurs peintures. Je savais que Bill avait une leucémie incurable. Je pense que Bill me décrivait symboliquement sa maladie, avec ses dessins et ses commentaires sur les bulles. Ne serait-il pas possible que les bulles aient représenté les cellules du sang ? L'action « encrassante » dont il parlait se référait-elle à l'extension des cellules cancéreuses ?

A mon avis, Bill était au courant de sa maladie et il aurait bien voulu en parler. Malheureusement, je l'ai dit, l'hôpital me cantonnait dans mon rôle de chercheur et m'interdisait d'aller plus loin. Néanmoins, en parlant toujours au niveau pictural, je découvris que c'était la croix centrale qui bloquait le reste. Cette croix peut représenter Dieu : Bill pouvait reprocher à Dieu ce qui lui arrivait. Il ne voulut pas me donner beaucoup d'éclaircissements sur ses deux autres dessins. Il me décrivit le premier comme un papier mural pour sa chambre à la maison (fig. 4).

Remarquez au milieu du dessin une croix semblable, aux branches terminées par des fleurs. En observant Bill pendant qu'il la dessinait, j'ai été frappé par l'énergie qu'il mettait à tracer les lignes. Il tenait son crayon comme si c'eût été un couteau, un poignard qu'il enfonçait dans quelque chose. Cela, seul, me confirma dans l'idée que l'enfant avait un extrême besoin de parler à quelqu'un de son état. Sa colère était-elle dirigée contre Dieu ?

J'ai fait part de mes observations à l'assistante sociale, qui était un membre très efficace du personnel hospitalier. Elle aussi était d'avis que Bill avait besoin d'une aide, mais le médecin traitant ne voulait absolument pas le faire transférer à l'hôpital psychiatrique. Ainsi Bill était laissé seul, se sentant « écarté », « isolé », comme les bulles de son premier dessin.

Ces deux images montrent que Bill, pour communiquer à

l'aide du dessin, ne choisissait pas l'art figuratif, réaliste : en n'employant que des formes abstraites, il laisse entendre qu'il évite de parler de ses problèmes, ou qu'il les dissimule. Dans mes observations empiriques, j'ai remarqué souvent que le dessin abstrait correspond à une période de la vie où le sujet ne veut pas regarder en face la réalité, ou préfère la nier complètement. Bill, réellement, n'avait pas envie de parler de ses deux dernières images (fig. 4 et 5). J'ai découvert qu'il avait appris de ses parents à ne rien dire de sa maladie. Son père et sa mère étaient en train de divorcer, et le pauvre enfant était désorienté par la situation confuse de ses parents. Personne ne pouvait lui dire si c'était normal de penser ce qu'il pensait et d'en parler. C'était heureux qu'il eût le dessin, qui permettait à certains de ses sentiments de se faire jour, mais je ne crois pas que c'était suffisant. Cet enfant était très intelligent, il aurait pu exprimer verbalement ce qu'il pensait, ce qu'il éprouvait, si seulement on lui avait donné l'occasion, la permission, la liberté d'extérioriser ce qui était en lui et qui voulait être connu, être pris en compte. Il voyait bien, il sentait bien qu'il était très malade. Il était assez âgé pour savoir que la vie s'achevait par la mort. Les enfants de cet âge qui envisagent de mourir sont, d'ordinaire, plus troublés par l'idée que la mort va les séparer des gens qu'ils aiment que par le fait même de mourir. En lui, cette anxiété de séparation était sans doute intensifiée par la séparation de ses parents et la date proche de leur divorce.

La 3e image de Bill (fig. 5) m'a beaucoup inquiété. Il commença son dessin par le coin inférieur gauche et balaya le papier à grands traits, le partageant en formes triangulaires jusqu'à atteindre le coin supérieur droit, il avait fait seize triangles, mais n'avait pas tout d'abord atteint le coin supérieur et le dernier triangle n'était pas complet. Puis il coloria tous ces triangles, commençant encore par le bas à gauche pour se diriger vers le haut à droite. Je suis resté assis sans rien dire pendant qu'il remplissait sa feuille. Comme il approchait du coin supérieur droit, je me suis senti un peu inquiet, me demandant s'il était en train de combler sa vie entière. Ne garderait-il pas encore un espace libre pour changer, pour grandir, pour vivre ? Comme il approchait de cet angle, il s'arrêta et laissa le triangle incomplet sans le colorier. Il regarda d'un air pensif le dessin, puis il prit le crayon rouge et, sautant un espace vide, il coloria le coin supérieur droit, et me tendit son image avec fierté.

Quelques mois plus tard, je fus très frappé d'apprendre que Bill était mort seize semaines après avoir fait ce dessin : seize, comme les triangles finissant par aboutir à l'espace vide. Est-ce que « quelque chose » en Bill pouvait savoir à quel moment il rencontrerait la mort ?

En recevant de Bill ce dessin, je fus encore plus persuadé que l'enfant avait besoin de parler avec un psychologue, et j'en parlai à nouveau à l'assistante sociale. Celle-ci réussit enfin à ce qu'un psychiatre d'enfants le vît. Comme il serait précieux que les médecins eux-mêmes reconnaissent l'intérêt de diagnostiquer et de traiter en même temps le corps et l'esprit !

Après m'avoir donné ce troisième dessin, avec les 16 triangles, Bill refusa de m'en faire d'autres. Ce dernier dessin révélait qu'il ne pouvait pas encore parler franchement de son état : les seules images qu'il nous donnerait de son univers étaient noyées dans des représentations abstraites. Mais en fouillant dans ces images abstraites, nous pouvons découvrir des indices de son état physique et psychique.

Dans le premier dessin, l'inquiétude au sujet de sa maladie et la menace de la mort semblent évidentes. La ressemblance entre ses bulles violettes et les cellules issues de la moelle osseuse, atteintes par la maladie, est frappante. On peut aussi envisager les « bulles » comme des sacs qui emprisonnent l'air, et penser au souffle de vie qui n'aura pas d'issue libre. D'un point de vue psychologique, les bulles peuvent aussi faire penser à la relation de Bill avec les autres : il est incapable de les rejoindre, il ne peut communiquer de façon directe et consciente. Au sens spirituel, une bulle peut évoquer l'âme solitaire. Il est remarquable qu'une croix occupe la position centrale dans les figures 3 et 4. Une croix et des fleurs, cela s'associe souvent avec l'Église, Dieu, un cimetière, la mort. Cet enfant, semble-t-il, gardait en lui bien des questions sans réponses. Nous ne savons pas à quel point la mésentente de ses parents avait pesé sur sa vie, mais je crois pouvoir dire qu'il avait à supporter autant de blessures affectives et de chagrin que de malaises physiques. En commentant les paroles de Bill même, on pourrait dire qu'il se sentait dérouté et comme « encrassé » affectivement, qu'il aurait voulu « rejoindre les autres » pour être aidé à « se sortir » de l'eau où il s'enfonçait, mais qu'il se sentait « bloqué ». Il est très possible qu'il ait perçu Dieu comme le Tout-Puissant qui lui fermait le chemin vers la vie et la santé, et la croix du dessin est peut-être la croix de Bill — le lieu de sa souffrance.

Je n'ai qu'un espoir, c'est que le psychiatre d'enfants, finalement appelé auprès de lui, ait pu apporter quelque apaisement à cette âme blessée. Souvenons-nous que, lorsque j'ai demandé à Bill si les bulles finiraient par s'en sortir, il m'a répondu : « Elles pourraient. »

Un non-médecin intégré dans un service de santé, s'il comprend qu'on ne peut achever la guérison que par une approche de la personne totale, a la grande responsabilité d'aider les médecins organicistes à reconnaître l'élément psychologique et à porter leur attention non seulement sur l'organe malade, sur l'aspect physiologique, mais sur le patient dans la totalité de sa nature.

TERESA

Nous étudierons à présent une série de dessins faits par une petite fille de 6 ans, atteinte de leucémie. Quand je l'ai vue pour la première fois, sa mère et elle marchaient dans l'hôpital. Elles venaient de loin. J'ai été impressionné par l'air chaleureux, réconfortant, de la mère. Teresa me parut timide, petite pour son âge. Elle avait le visage enflé, conséquence de la chimiothérapie. Elle ne parlait pas beaucoup, mais son sourire tenait lieu de paroles et l'on pouvait lire sur son visage ce qu'elle éprouvait. Quand elle me parla, ce fut pour dire qu'elle avait deux sœurs et trois frères et qu'ils aimaient bien regarder ensemble les programmes de télévision pour les enfants. Elle trouvait sa joie dans sa famille et dans l'affection qu'elle recevait. Pour elle, ç'aurait été bien triste de n'avoir personne avec qui jouer, mais dans une famille aussi nombreuse et aussi unie, ce malheur n'était pas à craindre.

La figure 6 est le premier des trois dessins que fit Teresa et qui semblent vouloir être des auto portraits. Presque tous les enfants leucémiques que j'ai rencontrés ont dessiné des personnages qui semblaient en rapport étroit avec eux-mêmes. Cette figure 6 représente une petite fille debout sur une sorte de piédestal. J'avais remarqué combien Teresa semblait attachée à sa famille, je savais donc qu'effectivement elle représentait pour l'enfant un ferme soutien. Remarquez que les jambes, les bras, le corps et la tête sont en proportion relativement normale, et que le visage est bien rond. Mais ce qui retient mon attention, c'est que le bout des pieds et le haut de sa tête semblent les extrémités d'une ligne qui va de la terre au ciel. Comment une si petite personne peut-elle toucher à la fois à la terre et au ciel ? Pourrions-nous y voir une indication que son temps est proche ? Le dessin suivant nous fera pénétrer plus profond.

Quand Teresa revint le mois prochain dans le service, elle dessina la figure 7. Nous avions appris qu'à l'époque elle souffrait des jambes. Elle expliqua que le dessin représentait son jardin et que la petite fille était allée cueillir des fleurs. On voyait douze fleurs. J'ai remarqué la symétrie du dessin : un arbre et cinq fleurs de chaque côté de la petite fille, une fleur dans chacune de ses mains. Pourquoi ce total de douze fleurs ? Des objets répétés sont souvent en relation avec une période de temps importante (ainsi les 16 triangles du dessin de Bill, fig. 5). Mais ce que je trouve inquiétant, c'est la disposition du ciel bleu : dans le premier dessin il touche la tête de Teresa, mais à présent elle est posé sur lui. Avoir « le ciel au-dessus de soi » c'est magnifique, tout est à sa place, mais « le ciel en dessous de soi » m'inquiète. Est-ce par caprice que l'enfant l'a peint ainsi ? Je ne le pense pas.

Voyez comme les jambes sont plus grêles que sur le premier dessin, et comme le visage est hors de proportion avec le corps. Pourtant, le sourire est toujours le sourire de Teresa.

Deux mois plus tard, Teresa revint, cette fois sur des béquilles. Elle souffrait beaucoup des jambes et ne les remuait qu'avec peine. Elle me fit un autre dessin (fig. 8). Cette fois, le cadre extérieur a disparu, et le visage, d'aspect lunaire, occupe la plus grande partie de la page. Le traitement a entraîné non seulement l'œdème du visage, mais aussi la chute des cheveux. Les bras et les jambes sont de minuscules appendices du corps. Les membres de Teresa étaient en effet devenus très petits, inutiles. Huit jours plus tard, elle fut portée à l'hôpital dans les bras de sa mère et au bout de quelques semaines, elle mourut.

Il y avait douze fleurs sur le second dessin de Teresa, et c'est douze semaines après avoir fait ce dessin qu'elle mourut. Hasard, coïncidence ? Qu'on appelle cela comme on voudra.

Regardons encore une fois ces trois dessins spontanés et comparons-les. La façon dont Teresa a représenté les bras et les jambes de son personnage indique un pronostic d'immobilité, avant le moment où il lui fut effectivement impossible de se mouvoir. Nous voyons d'un dessin à l'autre la taille du corps se réduire, jusqu'à ce que le visage devienne trop lourd, mal équilibré, avec un tronc trop petit pour supporter la tête. Sur la dernière image apparaît un détail intéressant : au lieu de faire un point pour représenter le nez, Teresa en a indiqué deux, figurant les narines. Teresa semble vouloir nous dire que son corps la soutient moins et que pour rester vivante elle doit surtout compter sur son souffle. Le sourire est toujours sur le visage, et je n'ai nulle raison de penser que le sourire de Teresa en face de la mort fût moins vrai que lorsqu'elle était bien portante : dans tous les cas elle se sentait en sécurité, entourée de l'amour des siens. Ses dessins, nous le voyons, sont des reflets de son état affectif et de son état physique.

Voici à présent Jamie, une autre enfant que j'ai rencontrée en étudiant les dessins d'enfants à la fin de leur vie.

JAMIE

La petite Jamie, atteinte d'une tumeur incurable, est l'auteur des deux dessins suivants (fig. 9 et 10). Le Dr Kübler-Ross a plusieurs fois rendu visite à Jamie et à sa mère. Il s'agit d'images, vous le voyez, très colorées.

La première (fig. 9) représente un arc-en-ciel. Jamie avait déclaré : « Je vais faire un arc-en-ciel. » Elle en fit un second, au cours des tout derniers mois de sa vie. Et le symbolisme de l'arc-en-ciel nous révèle quelque chose de Jamie. Dans l'Ancien Testament, après le déluge, Dieu dit à Noé qu'il n'enverra plus jamais un pareil fléau pour engloutir la terre, et il déclare : « J'ai mis mon arc dans les nuées pour qu'il devienne un signe d'alliance entre moi et la terre. » (*Genèse 9, 13-17.*) C'est pourquoi l'arc-en-ciel est un symbole d'alliance et de paix. Et comme il s'agit de la paix entre Dieu et l'homme, si un enfant malade le dessine, c'est un symbolisme intéressant. Comme cet arc-en-ciel occupe la feuille entière, il veut peut-être dire que Jamie a ainsi trouvé la paix avec Dieu.

Le dessin suivant, (fig. 10), comprend quatre rangées de formes, approximativement des carrés et des cercles. La mère m'a communiqué ce que le Dr Kübler-Ross avait pensé de cette image : le ballon flottant librement dans le coin supérieur gauche voulait dire, pour elle, que Jamie savait qu'elle allait mourir et n'en avait pas peur : « Elle s'est représentée flottant librement, sans encombre, au-devant d'une forme nouvelle d'existence. » Ce fut un moment décisif dans la vie de cette mère : elle commença à accepter la mort imminente de sa fille. Une autre image (non reproduite ici) fait penser encore davantage à la paix avec Dieu qu'avait dû trouver Jamie : c'étaient vingt cercles entourant des cercles plus petits. Je le signale à cause de la signification de la forme circulaire, qui est la forme du « ballon » que le Dr Kübler-Ross avait remarquée dans la figure 10. Le cercle est un symbole universel, il représente la totalité, la perfection, l'accomplissement, et finalement Dieu. « Dieu est un cercle dont le centre est partout et la circonférence nulle part », lit-on dans un texte très ancien, peut-être du IVe siècle de notre ère [1].

Si je complète ce que m'apprend ce symbole par ce que m'a signalé une lettre de la mère de Jamie, vous comprendrez mieux encore que Jamie savait qu'elle allait partir, et qu'elle était en paix :

« Elle a fait tous ces dessins après le moment où j'ai appris qu'on ne pouvait plus rien pour elle et que la tumeur continuerait son évolution. Elle n'avait pas encore perdu aucun de ses moyens physiques. Quand c'est arrivé, elle l'a accepté, bien mieux que moi. »

1. Voir J.C. Cooper, *An Illustrated Encyclopeadia of Traditional Symbols,* London, Thames and Hudson, 1978, p. 36.

JOANN

Laissant de côté les dessins d'enfants, nous allons revoir encore la façon dont un adulte projette dans un dessin une situation d'importance cruciale dans sa vie. Il s'agit de Joann, mère de famille de 49 ans, qui — comme on le fait toujours dans les moments de crise — se débattait avec des questions auxquelles elle cherchait à répondre. Alors qu'elle suivait le séminaire de cinq jours que je dirigeais, elle dessina sur une page de cahier quadrillé le dessin reproduit ici (fig. 11).

Comme nous le verrons, ce dessin l'aida à surmonter le traumatisme d'un événement tragique. Après le séminaire, je lui demandai si je pouvais conserver son dessin et si elle m'autorisait à m'en servir pour mon enseignement et mes travaux écrits. Elle y consentit, mais ne voulut pas se séparer du dessin original : elle promit de m'en faire une copie (nous en reparlerons), mais elle voulut bien m'envoyer une photo en couleurs de son dessin original (fig. 11).

Le processus de guérison pour Joann a commencé par l'examen de ce dessin, dont elle apprit à déchiffrer le contenu. Elle fut assez courageuse pour entreprendre ce travail difficile de compréhension et de progrès, et elle n'a pas esquivé les responsabilités qu'entraîne un pareil apprentissage.

Pour plus de commodité et pour éviter de négliger quelque information donnée par le dessin, j'ai partagé la feuille à l'aide de deux lignes perpendiculaires, de façon à obtenir quatre rectangles, de surface égale (fig. 12). J'examinerai chacun des rectangles, de A à D, et je résumerai ensuite l'ensemble des informations pour avoir l'« histoire » complète dite par le dessin et évoquant les difficultés de la personne. Je me suis aperçu qu'on projette dans un dessin des aspects de la vie qui sont les uns connus, les autres inconnus (c'est-à-dire : dont on n'est pas conscient). J'ai appris qu'il est plus utile, pour étudier le dessin, de commencer par le connu et de travailler en allant vers l'inconnu, ou ce qui n'est pas encore connu. Ici, je vais commencer par le rectangle inférieur gauche, A. J'irai, dans le sens des aiguilles d'une montre, jusqu'au rectangle inférieur droit, qui représente quelque chose d'inconnu, de douteux. Ce mouvement du connu à l'inconnu permet à l'interprète de travailler sur un terrain solide. Je peux m'apercevoir que dans le dessin de Joann, beaucoup de détails sont placés à dessein ; aussi, en peu de temps, je peux saisir ce qu'ils expriment. Dans le rectangle A, nous trouvons un sentier qui mène à une maison. (On voit aussi le bas de la maison et le tronc d'un arbre, mais comme la plus grande partie s'en trouve en B, nous y reviendrons tout à l'heure.) Il semble qu'il y ait de l'herbe de chaque côté du sentier. Je remarque avec intérêt que ce sentier est rayé de petites hachures croisées : cela est souvent un indice d'anxiété, et je me demande pourquoi ce sentier crée de l'anxiété chez Joann. Il mène à une maison. Ne pourrait-elle être la maison de Joann, son foyer ? Aurait-elle des difficultés, là, dans sa vie de famille ? Elle a un sentier, elle peut donc se rendre à la maison, et c'est heureux pour elle. Mais nous ne pouvons ignorer que ce sentier est continuellement marqué par des soucis.

Dès maintenant, il devrait être évident que « lire » un dessin exige une attention soutenue à chaque détail : il faut observer ce qui se relie et ce qui ne se relie pas, et chercher constamment la signification possible de ces informations. La position, le mouvement, les couleurs, les formes et les modèles, le nombre des objets représentés, la façon dont l'image correspond au monde réel, ne sont que quelques-uns des aspects qu'il faut scruter avant qu'on puisse formuler une impression sur le sens du dessin. Il est même à conseiller d'entourer d'un trait de crayon chaque détail, pour être sûr de ne rien laisser inaperçu.

Continuant donc à recueillir toute donnée intéressante, nous passons au rectangle B. Nous y remarquons une maison, avec une porte munie d'une poignée. Sur le côté de la maison il y a trois fenêtres, munies de rideaux ; au-dessus, des enroulements de lignes vertes indiquent des buissons. Le toit est hachuré, et surmonté d'une cheminée qui lance peut-être un nuage de fumée : mais ce qui est indiqué au-dessus de la cheminée pourrait être de la pluie — ou le ciel pourrait-il contenir à la fois de la pluie et de la fumée ? Sur le côté gauche de la feuille, on voit un arbre qui s'incline vers la droite ; il porte des feuilles, mais ne semble pas très solide sur ses racines. Après cette description simplement informative, il nous faut à présent scruter le dessin pour y trouver ce qui a une signification personnelle. C'est d'abord la maison qui attire mon attention. Elle est quadrillée de traits, tout comme le sentier et le toit. Ceci nous indique encore que la vie au foyer peut entraîner pour Joann un sentiment d'anxiété. En outre, cette maison offre des particularités curieuses. La porte est toute petite. S'il s'agit de la maison des cinq personnages qu'on voit à droite, ou si c'est une maison qu'ils viennent visiter, il ne leur sera pas facile de passer par cette porte : elle n'est haute que de 1,2 cm, alors que les personnages adultes ont 2 cm et 2,1 cm. Même pour le plus petit personnage du rectangle C, haut d'1 cm, le passage ne sera pas tellement facile. En rattachant ceci aux observations précédentes, je vérifie que le dessin évoque une vie familiale difficile, où peut-être on n'entre pas aisément. A moins que le contraire ne soit vrai : de cette vie familiale qui engendre l'anxiété, il n'est pas facile de sortir. Pour le moment, je ne peux en décider, je laisse la question ouverte et continue mon examen.

Le second détail remarquable de cette maison est qu'elle n'a pas de fenêtres sur la façade. C'est très insolite : la plupart des maisons, sinon toutes, ont du côté de l'entrée des fenêtres, qui laissent pénétrer la lumière, qui permettent de voir ce qui se passe à l'extérieur, tout en protégeant contre les éléments. Les fenêtres laissent voir aussi ce qu'il y a à l'intérieur, quand on est dehors. En observant cette curieuse représentation, je me demande si Joann ne veut pas qu'on regarde ce qui se passe dans son foyer, et aussi, qu'elle ne désire pas envisager quelque chose qui est extérieur et pourrait entrer dans la maison. Et surtout, il apparaît qu'elle a besoin d'être bien protégée, cela se déduit de l'aspect solide de cette façade de la maison. Je me souviens aussi qu'une vitre transparente est un symbole de l'Esprit. Serait-il possible que Joann ait perdu ce qui était « le spirituel » dans sa vie ? Doute-t-elle de Dieu, ou n'a-t-elle pas besoin de lui à cette époque de son existence ? Désire-t-elle couper tout contact avec Dieu, et le laisser de côté, en cas de besoin pour ainsi dire ? Et Joann — ce qui est le plus important — a-t-elle foi en elle-même ?

En me remettant en mémoire toutes les données recueillies jusqu'à présent et les questions qu'elles ont soulevées, je note la troisième particularité remarquable de cette maison. Si on observe attentivement, on voit qu'elle n'a pas d'angle saillant, pas de « pierre angulaire » et que donc, sans ce soutien, elle est en danger. Je me demande ce qui se passe en Joann si elle n'a rien pour la soutenir entre ce qui est « de façade » et ce qui est « sur le côté ».

La fumée incertaine qui sort de la cheminée ainsi que la pluie dans le ciel posent encore question : j'y reviendrai plus tard.

En avançant dans le rectangle C, je vois un nichoir posé sur une perche, où il y a quatre oiseaux : deux rouges, un bleu, un noir. Deux oiseaux semblent picorer, les autres s'envolent ou quittent l'endroit où ils ont des graines. L'oiseau peut être un symbole de l'âme. Ici, l'association des oiseaux avec leur nourriture suggère que la personne se rassure. Il est possible à l'âme d'être nourrie même au milieu des bourrasques. Je suis donc amené à penser que Joann est, en elle-même, sur la voie de la guérison et d'une croissance.

Regardons à présent la pluie qui entre à la fois dans le rectangle B et dans le rectangle C. La pluie peut représenter une purification. De qui Joann doit-elle se laver ? Pourquoi lui faut-il se purifier ? Remarquons la couleur pourpre de cette pluie. Le pourpre peut représenter ce qui est spirituel, ou peut-être ce qui est possessif, ou possédant. Joann a-t-elle besoin de croire davantage en l'Esprit qui nous possède ? pour parvenir enfin à pouvoir dire à Dieu : « Que ta volonté soit faite » ? Que lui est-il arrivé qui l'ait inquiétée au point qu'elle doive s'abriter elle-même et empêcher qu'on pénètre dans sa maison — c'est-à-dire en elle ? Quelle est cette peur qui lui interdit de laisser les autres voir en elle, et l'empêche aussi de regarder dehors (la maison sans fenêtres) ? Et qu'il est inquiétant de s'apercevoir qu'entre son côté éclairé et la façade défensive derrière laquelle elle vit, elle ne peut trouver aucun soutien pour elle-même ! Évidemment, elle a connu un événement traumatisant, et elle ne sait trop que faire, que chercher, où aller.

La cheminée laisse peut-être échapper de la fumée, indiquant que du feu brûle dans la maison. Le feu et la fumée, apparaissant ensemble ou séparément, indiquent souvent un besoin de chaleur et d'amour. En y ajoutant le besoin possible d'une purification indiqué par la pluie, on a une perspective de situation difficile pour Joann. Elle a besoin d'être aimée, d'être acceptée, mais son dessin révèle qu'elle doit se renouveler pour que l'amour puisse entrer dans sa vie. J'ai souvent observé que pour que les gens se renouvellent — ce qui demande qu'ils se pardonnent à eux-mêmes — ils ont d'abord besoin de comprendre le choc qu'ils ont subi, l'événement qui les a mis en difficulté. Quand ils sont parvenus à cette compréhension, ils ont besoin de se montrer compatissants envers cet être en eux qui a reçu une blessure. Pensez à ce qu'a dit C.G. Jung en écrivant à Mrs. C. :

« Vous ne pourrez être bonne et compatissante envers les autres que si vous l'êtes d'abord envers vous-même. C'est tout à fait sérieux. C'est le fardeau que chacun doit porter : vivre la vie qu'il nous est donné de vivre. Soyez donc bonne envers la moindre de vos sœurs, c'est-à-dire vous-même. » (Lettre du 24 septembre 1959.)

Je me préoccupe de Joann, j'espère qu'en comprenant ce

qui lui est arrivé et qu'elle porte à présent comme un fardeau, elle parviendra à se pardonner.

Dans le rectangle C nous trouvons de nouveaux indices, importants. On y voit deux groupes de personnages. On ne sait s'ils vont vers la maison ou s'ils en viennent, car ils sont dessinés de façon schématique, avec des bâtons. Quand on dessine ainsi avec des bâtons, c'est souvent qu'on répugne à révéler, aux autres ou à soi-même, son « moi » authentique. Joann me dit que le grand parapluie est tenu par son mari et qu'elle marche à côté de lui ; les trois enfants sont ensemble sous l'autre parapluie. Ce qui est curieux, c'est la position de Joann et de son mari sous le parapluie. Imaginez que vous « entrez » dans l'image, d'abord pour devenir l'homme qui tient le parapluie, puis pour devenir la femme. En nous mettant à la place de l'homme, nous nous apercevons qu'il tient le parapluie de la main la plus éloignée de sa femme, et ne lui fournit ainsi que bien peu de protection. Nous remarquons qu'il a même fallu ajouter à la largeur du parapluie pour que la tête de Joann soit couverte. Peut-être Joann se rend-elle compte que son mari ne l'abrite pas « sous son parapluie », et son dessin exprime qu'elle a besoin que le parapluie soit élargi pour la protéger. Si nous nous mettons à la place de la femme dans le dessin, nous nous demanderons pourquoi elle ne se rapproche pas davantage du mari. N'importe qui, s'il lui est arrivé de partager son parapluie avec quelqu'un, sait que le parapluie pour offrir la meilleure protection doit être porté entre les deux personnes, et que le mieux est que ces deux personnes se serrent l'une contre l'autre. En remarquant la distance entre le mari et la femme sur l'image, je me demande quelle est leur relation de couple et ce qui a pu arriver dans la vie familiale inquiétante de ces deux adultes.

Les enfants sont entre eux, et ils semblent plus en sécurité sous leur parapluie. Il nous faut connaître leur âge : ils semblent jeunes, entre neuf et douze ans peut-être. Mais Joann nous révèle que ce sont des adultes de plus de vingt ans ! Il s'agit de son fils, sa fille et son gendre. Je me demande pourquoi elle leur laisse cet aspect enfantin, et les place sous une telle protection. Pourquoi ne leur permet-elle pas de devenir adultes ? Elle les a dessinés beaucoup plus petits que son mari et qu'elle-même : qu'est-ce que cela peut révéler de son attitude à leur égard, de la relation qu'elle a avec eux ? Quand je lui ai demandé si elle les traitait encore en enfants, elle m'a raconté quelque chose de très émouvant.

Son fils aîné est mort, son corps se trouve dans le coffre indiqué dans le rectangle D. Il a été assassiné alors qu'il était à son travail sans motif apparent. C'était un vendredi après-midi, et le cadavre n'a été découvert que le lendemain. « Dans son portefeuille, me dit Joann, nous avons trouvé copiée sur une feuille de papier la chanson de Paul Cotton : 'Et je crois qu'il va pleuvoir' » et Joann a représenté sur son dessin un jour de pluie : elle en a été surprise elle-même quand elle a fait le rapprochement, quelques semaines après avoir fait ce dessin.

A la suite de ce drame, Joann a été amenée à se soucier davantage des enfants qui lui restaient. Elle a téléphoné régulièrement à sa fille mariée, pour savoir si son mari et elle étaient chez eux le soir, en sécurité. Elle s'inquiétait continuellement de son plus jeune fils, qui vivait encore chez ses parents. Elle craignait pour la vie des enfants qui lui restaient, et pensait que sa protection maternelle leur était nécessaire. Mais pour les jeunes, ce maternage était insupportable et ils commençaient à se détacher d'elle. Son mari aussi prenait ses distances, écarté par le comportement maladroit qu'inspirait à Joann un travail de deuil inachevé.

En étudiant avec moi le contenu de cette image et en cherchant à interpréter sa signification, Joann fut d'accord pour reconnaître son sentiment de surprotection et l'éloignement visible de ses enfants : non seulement elle fut capable de comprendre leur réaction, mais aussi elle consentit à admettre que c'était elle-même qui l'avait provoquée. Elle commença à se rendre mieux compte de ses gestes et de ce qu'ils entraînaient, et elle eut le désir de modifier son comportement

Ce qui est arrivé à Joann en tant que mère et à Joann en tant que femme était profondément enfoui en elle, antérieur même à sa naissance. Dans sa vie de femme, le rôle de la mère nourricière et protectrice a été réactivé par la mort tragique de son fils. Quand une mère perd un enfant, cet archétype de la Grande Mère [1] pourra se manifester, quel que soit au moment de sa mort l'âge de cet enfant. Joann a besoin de comprendre cette tendance naturelle et de se montrer compatissante envers cette impulsion instinctive, en elle, à être la mère qui nourrit. Elle peut alors s'attaquer à cette personne en elle qui désire être surprotectrice, mais qui, ainsi, se montre étouffante à l'égard des enfants qui lui restent. Elle peut aussi commencer à bien saisir que, malgré tout ce qu'elle a pu faire pour son fils, elle était incapable de faire quoi que ce soit pour empêcher ce meurtre. En parlant avec Joann, je me suis rendu compte que c'était une femme très courageuse et qu'elle voulait travailler sur ces données pour vivre en bon accord avec elle-même, améliorer ses relations avec ses enfants et faire progresser sa vie de couple.

Nous avons un peu parlé des aspects divers de sa vie et de ce qu'elle faisait et pouvait faire pour amener ces changements qu'elle désirait. Deux jours plus tard notre travail de groupe s'achevait. Comme je me préparais à quitter le local, j'ai rencontré par hasard Joann dans le vestibule de notre lieu de réunion. J'ai donc pu parler encore un peu avec elle, et c'est alors que je lui ai demandé son dessin, qui serait un bon exemple de l'utilité d'étudier un dessin pour faire venir à la conscience une préoccupation qui n'a pas été examinée. Elle me répondit simplement qu'elle ne pourrait pas s'en séparer. Je lui demandai si elle ne pourrait m'en faire un duplicata rapide, une simple esquisse, qui me serait un aide-mémoire et me permettrait d'aider d'autres personnes. La figure 13 montre l'esquisse que Joann exécuta sur-le-champ. Nous n'avions pas de crayons de couleur sous la main, mais un

1. Selon C.G. Jung, les archétypes sont des images exprimant l'inconscient profond, qui appartiennent à toutes les mythologies et font partie du trésor commun de l'humanité. La « Grande Mère » ou Mère des dieux est la Cybèle grecque, mais beaucoup de mythes ont trait à une « déesse mère » à l'origine des dieux et des hommes. *N.d.T.*

simple stylo. Joann avait près d'elle son dessin original, tandis qu'elle en faisait la copie. Si nous comparons les fig. 11 et 13, nous constatons de sensibles différences. Dans le second dessin, les enfants sont plus grands, l'arche de la porte facilite l'entrée : ces changements sont prometteurs, ils annoncent un progrès. Dans le second dessin, il y a moins de hachures en croix. Mais le sentier est encore dessiné d'un trait léger. Et voici le plus important : Joann n'a pas introduit dans ce portrait de famille le fils qui est mort. Ceci suggère qu'elle accepte la réalité, qu'elle a mené à bien le travail de deuil. Entre les jambes de son mari on devine le phallus. Je me rends compte que Joann a encore bien d'autres problèmes personnels, en plus des problèmes familiaux. Mais cette image indique, de façon très encourageante, que sa vie intérieure est en progrès.

Comme nous nous séparions, Joann me dit qu'elle projetait d'inviter son fils, sa fille et son gendre à dîner au prochain week-end. Elle avait hâte de leur dire qu'elle voyait bien ce qu'elle avait été à leur égard et qu'elle s'efforcerait à présent de reconnaître qu'ils étaient des adultes. Elle voulait aussi dire à son mari qu'elle l'aimait et qu'elle savait qu'il ne lui fallait pas rester anéantie par la mort de son fils. Tout ceci me parut très positif.

Quelques années plus tard, j'ai entendu parler de Joann. Elle participait au niveau national à une action en faveur des parents dont un enfant est mort de mort violente. De ce qu'elle m'a dit elle-même et de ce que m'ont rapporté des amis, j'ai conclu qu'elle avait dominé sa perte et retrouvé assez de force pour penser que ce qu'elle avait rencontré dans sa vie avait un sens. Je crois que son dessin lui avait fait prendre conscience de certaines choses qu'il fallait regarder en face pour guérir ses blessures affectives. Cette guérison était indispensable pour que son énergie psychique pût se libérer et devenir une force de création.

Des recherches empiriques menées sur l'emploi du dessin pour aider au diagnostic et au traitement indiquent que les dessins spontanés reflètent des processus psychologiques et physiologiques : nous l'avons vu quelque peu dans les exemples précédents. Il se peut qu'un patient ne soit pas capable de révéler verbalement ce qu'il désire ardemment, ce dont il a le plus besoin, ou encore son état passé, présent ou éventuellement futur : mais tout cela, qui est si important, peut se refléter dans le langage symbolique du dessin. C'est le même langage venu de l'inconscient qui parle dans les rêves. Son utilité est d'aider la personne à conserver dans sa vie une harmonie, un équilibre. Si ce langage des rêves et du dessin demeure au plan inconscient, son efficacité est réduite. Si nous pouvons aider la personne à faire monter à la conscience claire et à assimiler ce que son langage symbolique essaie de lui apprendre, elle commencera aussitôt à faire l'effort d'opérer certaines modifications dans sa vie: et sans cela, ces modifications auraient peut-être été obtenues, mais seulement après des mois de progression indirecte vers une amélioration. S'il s'agit d'un enfant, la collaboration de certains adultes pourra être nécessaire pour amener ces heureuses modifications.

Nous ne serions pas complet si nous n'indiquions pas que l'essai d'analyse des dessins spontanés comporte des dangers. Pour quelqu'un qui n'a aucune formation en ce domaine, ce travail peut paraître assez simple et il peut même se hasarder à interpréter des dessins de ses enfants, ou de ses amis. Mais ce genre d'analyse n'est pas un jeu de société. C'est entreprendre quelque chose de sérieux que de conseiller quelqu'un en utilisant ce que la personne révèle, dans un dessin, de son domaine inconscient, et c'est un travail délicat que de l'aider à saisir ce qui est au seuil de sa conscience claire — qu'il s'agisse d'envisager la mort prochaine, ou de se préparer à une vie renouvelée. Et il est très difficile d'interpréter une image sans y lire ce qu'on sait déjà (ou qu'on soupçonne) y être. C'est pourquoi on recommande de ne pas examiner l'histoire de la personne *avant* que son dessin n'ait été analysé. Un autre piège menace l'interprète : projeter son propre inconscient dans le dessin qu'il étudie ; et il n'évitera ce piège que s'il a lui-même été analysé. Pour analyser valablement des dessins, il faut donc non seulement l'indispensable formation professionnelle, mais aussi une préparation psychologique personnelle.

Nous avons étudié dans ce chapitre les dessins de deux adultes et de trois enfants. Nous avons essayé de comprendre comment ces dessins pouvaient être utiles à des moments importants de leur vie. Laura nous a appris qu'elle reflétait inconsciemment dans son dessin certaines insuffisances de son développement psychologique qui devaient être compensées pour qu'elle parvienne à avoir une personnalité plus complète ; en outre, son image nous a fait percevoir en elle une connaissance intime de son destin éventuel au sujet d'un état physiologique, dont l'indication sur le dessin précède le diagnostic médical. De Bill, nous retiendrons qu'il est important de soigner le psychisme, même si nous ne pouvons guérir le corps. Les dessins de Teresa nous ont montré que le pronostic physique peut être déjà dans la connaissance préconsciente d'un enfant — comme nous l'avions vu avec Laura ; et aussi, que l'état psychique réagit à ce qui se passe dans le corps. D'après l'image de Jamie, nous voyons comment des parents peuvent être aidés à surmonter la mort d'un enfant. De Joann enfin, nous avons appris comment l'analyse du dessin peut contribuer à guérir d'anciennes blessures, à renouveler la vie, à remettre progressivement de l'harmonie en soi-même et dans son foyer.

Nous avons appris qu'en comprenant le langage du dessin spontané, nous pouvons contribuer à ouvrir la porte à l'épanouissement de la personne.

Troisième partie

Parents intégrés dans l'équipe soignante

par Martha Pearse Elliott

Je pensais que ce serait pire. Je pensais que perdre un enfant atteint de leucémie, c'était le plus grand des malheurs. La perte, le malheur que cela représente, on ne peut les nier. Et les dix-neuf mois qui se sont écoulés entre le diagnostic et la mort n'ont certes pas été faciles. Mais je m'imaginais qu'ils seraient plus difficiles encore à vivre.

Ma petite Meredith avait six ans quand elle est morte, en janvier 1973, dans un hôpital de Houston (Texas), à 600 miles de notre domicile dans le Kansas. Le temps a été long depuis que pour la première fois nous avons franchi la porte de cet hôpital, au cœur de la nuit, nous sentant seuls et effrayés dans ce lieu étranger. Mais les gens, les médecins, l'établissement lui-même, qui ont influencé notre existence depuis lors, nous ont placés dans une perspective qui a rendu la mort plus acceptable qu'elle ne l'eût été ailleurs.

La thanatologie, l'étude de la mort et des mourants, est devenue à l'ordre du jour à présent, avec des chercheurs comme Élisabeth Kübler-Ross qui aident la société à se défaire de certains des tabous attachés à l'idée de mourir. L'expérience personnelle nous a appris, à ma famille et à moi, beaucoup de ce que les chercheurs ont trouvé par leurs enquêtes approfondies. Entre autres, que la mort n'est pas nécessairement le mal absolu. Et que chacun de nous — qu'il soit lui-même près de mourir ou qu'il réconforte un mourant — a des ressources auxquelles il peut faire appel pour enrichir le temps qui lui reste et pour accepter la fin de bonne grâce — autant que possible.

Mes ressources personnelles n'étaient pas exactement celles que j'attendais. Heureusement, j'avais quelques secours essentiels : mon mari Jerry ; mon fils de 12 ans, Hunter ; Meredith elle-même, la petite malade, douée d'une intuition et d'une maturité exceptionnelles, et ma propre aptitude à me comporter de façon raisonnable, même dans les coups durs. Mais trois facteurs ont contribué à l'expérience que j'ai vécue : un service pédiatrique où les parents étaient acceptés, une organisation hospitalière d'aide aux mères, une amie qui m'a comprise et soutenue.

Le plus important, cela a été ce service pédiatrique où les parents étaient acceptés pour aider aux soins. Du jour où j'ai découvert la différence entre un établissement hospitalier ordinaire et un centre spécialisé qui donne les traitements médicaux les plus poussés et qui autorise en même temps que les parents coopèrent pleinement, j'ai voulu que nous nous rendions dans ce centre, quitte à prendre des mesures exceptionnelles.

Ces unités pédiatriques qui intègrent les parents sont peu nombreuses et très éloignées les unes des autres ; on les trouve surtout dans des centres médicaux spécialisés pour les maladies d'enfants les plus graves. Évidemment, peu d'hôpitaux sont prévus pour des soins à long terme, et une telle intégration des parents n'y serait pas pratique. Mais il y a beaucoup de centres de soins où les parents pourraient être plus impliqués qu'ils ne sont. Les arguments pour laisser les parents au-dehors sont nombreux : les médecins estiment que les parents sont moins malheureux quand ils ne savent rien, les infirmières trouvent que les parents sont encombrants et font plus de mal que de bien, les administrateurs, que les frais supplémentaires que cela entraîne non seulement sont injustifiables, mais risquent de donner à l'hôpital l'apparence d'un hôtel... et il y a bien d'autres motifs logiques de s'en tenir à la routine. Logiques, mais pas forcément secourables. Certes, cette solution a ses inconvénients, elle implique des risques, des conflits entre personnes, et des ennuis quotidiens dont le personnel médical se passerait volontiers. Mais en fait, quand le service est bien organisé, les parents libèrent l'équipe soignante de beaucoup d'occupations, ce qui réduit les salaires à payer à un personnel de supplément.

Mais ce qui est plus important, l'intégration des parents dans les soins est pour les parents et pour l'enfant une expérience très enrichissante, qui donne à toute la famille le sentiment d'avoir aidé à faire le maximum de ce qui était possible, qui les aide aussi à comprendre ce que la maladie et le traitement d'un enfant entraînent pour toute la famille, à mieux supporter les tensions quotidiennes, enfin à regarder en face la possibilité de la mort de l'enfant.

Est-il besoin de dire qu'en pareil cas le personnel doit être exceptionnel ? Dans notre cas, alors qu'il y avait souvent jusqu'à trente familles dans le service, toutes ayant un enfant dont la maladie avait un caractère de malignité, et vivant entassées les unes sur les autres, le simple volume de travail et d'activité était souvent à donner le tournis. Le service fonctionnait toujours à pleins gaz.

Ajoutons que dans cette situation, avec la famille vivant dans le service pour un temps prolongé — des semaines, des mois —, le personnel arrive à bien la connaître et parfois s'attache beaucoup aux enfants et à leurs parents. Que la plupart de ces enfants, sinon tous, soient exposés à mourir, et souvent meurent, crée une tension que les soignants des hôpitaux ordinaires n'ont pas à affronter.

Pourtant, dans cet hôpital, quand la mort survient, il n'est pas nécessaire de tirer des rideaux, de fermer la porte. S'il se passe quelque chose, c'est que le personnel est encore plus attentif. Les limites précédentes entre professionnel et patient s'effacent et les contacts se font encore plus chaleureux.

Mais le personnel ne peut répondre à tous les besoins. Bien que tous les médecins que nous avons trouvés aient été prêts à nous informer, à être sincères et à nous aider de toute façon, ils ne pouvaient satisfaire tous les besoins personnels de chaque famille. Alors les familles se sont aidées entre elles. Et les « autres parents » ont constitué la ressource, en second lieu, la plus utile.

Ce n'est pas moi seulement qui ai éprouvé ce soutien : il est attesté dans des ouvrages de psychologues. Les parents s'instruisent mutuellement, s'appuient en cas de besoin, partagent leur expérience, ou tout simplement servent de « baby-sitters ». C'est une famille, une petite société particulière avec ses règles et ses limites. Règle nº 1 : on ne se détourne jamais de quelqu'un qui a besoin d'être aidé.

J'évoquerai comme exemple notre première nuit à l'hôpital. Le diagnostic de Meredith et son transfert à Houston avaient eu lieu de façon assez précipitée. Nous avions pris le premier avion, et puis, sottement, nous avions voulu, de l'aéroport, aller en voiture à l'hôpital, à 30 miles de là. Il faisait nuit, et je n'ai pas tardé à me perdre, dans le lacis embrouillé des autoroutes. Deux heures plus tard, après bien des parcours inutiles, nous entrions dans le parking de l'hôpital. L'inscription, éclairée par des projecteurs, sur ce bâtiment de marbre rose en face de moi, employait le terme qui m'effrayait tant : Institut de la Tumeur.

Alors revinrent les associations d'idées que j'avais cherché à étouffer : tumeur, cancer, leucémie, mort. C'est donc un hôpital de cancéreux. On l'avait envoyée là pour y mourir. Et on ne nous l'avait même pas dit ! J'étais épouvantée, profondément déçue. Et je n'osais pas faire comprendre à Meredith la gravité de la situation. Avant tout, garder un calme extérieur, quel que fût le trouble intérieur.

A l'étage de pédiatrie, un lit attendait, et la routine de l'admission se fit très facilement. Quand tout fut réglé, quand Meredith fut endormie, je me préparai à dormir sur un fauteuil de la salle d'attente, avant de trouver un motel le lendemain.

Mais deux mères de familles m'attendaient, toutes souriantes. Cela me parut incroyable que quelqu'un, après cinq minutes passées dans ce service, pût garder son équilibre mental, et même paraître heureux de vivre. Cela ressemblait à un internat de mères célibataires. Les gosses dormaient, et les mamans, en peignoirs de bain et bigoudis, étaient assises en cercle et bavardaient agréablement.

Les deux mères me mirent à l'aise et commencèrent à me parler de ce lieu insolite.

D'abord, je n'irai pas dans un motel. Les mères restaient à l'hôpital. Parfois les pères, mais c'était plus rare. Pour chaque maman, un lit de camp était prévu à côté du lit de son enfant. Elles m'indiquèrent où l'on trouvait de quoi se restaurer, du linge, des réserves diverses, et me montrèrent à m'en servir. Et même une des mamans fit mon lit. Elles me parlèrent des occupations quotidiennes, des médecins, de ce que l'hôpital attendait de moi, de ce que, moi, je pouvais attendre d'elles. Le lendemain les infirmières me dirent la même chose, mais j'y avais été plus sensible quand cela m'avait été dit par des femmes qui étaient dans la même situation que moi.

Plus tard, pendant les périodes souvent longues d'hospitalisation, nous, les mères, nous nous sommes beaucoup appuyées les unes sur les autres. Pendant la journée, on veillait à ce que les enfants soient à l'heure pour les interventions, les soins quotidiens, le travail scolaire et le soir on se rassemblait en petits groupes, parlant de nos enfants, de nos familles, de nos inquiétudes, de nos déceptions, de nos colères, de nos joies, de notre désespoir. Chacune avait besoin des autres. Et quand une mère nous quittait après la mort de son enfant, beaucoup d'entre nous, faisant retour sur elles-mêmes, ressentaient une sorte de perte — et non pas la philosophie toute simple d'un enfant que j'ai connu et qui, lorsqu'il apprenait la mort d'un de ses petits amis, disait : « Eh bien ! en voilà un pour lequel nous n'avons plus à nous faire du souci. »

L'organisation de nos soins maternels, à première vue, était simple. Le premier rôle appartenait aux médecins. Les tout premiers jours étaient consacrés à des examens attentifs et à un diagnostic. Tout examen ainsi que son résultat nous étaient expliqués, à nous et à notre enfant. Pour le diagnostic, il y avait consultation avec le chef du service de pédiatrie : celui-ci examinait tous les aspects de la maladie, les médicaments, la façon dont nous pouvions contribuer aux soins ; et il évoquait les recherches en cours, le succès des traitements de la leucémie et d'autres maladies ayant la même malignité. Bref, il nous renseignait complètement, et nous donnait même quelque chose à lire pour satisfaire davantage encore notre besoin de savoir, après avoir répondu à toutes les questions que Jerry et moi lui posions. Comme la plupart des parents, nous avions un insatiable désir d'informations, mais aucun de nous n'était capable d'emmagasiner cette information tout de suite. Ce qu'on nous avait dit échappait à notre mémoire, il fallait nous le redire et parfois plus d'une fois. Le besoin d'explication, le volume réduit des informations, et chez nous tous une attitude de dénégation, tout cela, dans ce premier stade, nous empêchait de comprendre pleinement, et donc d'avoir des attentes réalistes.

Le second stade avait surtout un caractère pratique. Tandis que le corps médical s'efforçait d'obtenir une rémission, la vie dans le service s'étendait pour nous au long de semaines et de mois. Nous avons passé à Houston, et le plus souvent à l'hôpital, tout l'été de 1971. Tous les jours, c'était la routine quotidienne. On occupait les enfants en dehors du traitement par du travail scolaire, de l'ergothérapie, des jeux avec les parents ou avec d'autres enfants. Quant aux mères, elle s'affairaient à de menues tâches ménagères qu'en d'autres circonstances elles eussent trouvées ennuyeuses. On n'exigeait nullement de nous ces services, on nous les permettait et la plupart d'entre nous s'en chargeaient. Naturellement, il fallait constamment maintenir un semblant d'ordre dans notre petit coin personnel, qui faisait à peu près 1 mètre sur 3. Ce n'était pas une petite affaire, étant donné la proportion entre l'espace concédé et tout ce que nous voulions y mettre. Chaque fois qu'il y avait quelque chose d'autre à faire — manger, dormir, jouer, donner les soins —, il fallait disposer à nouveau tout cet attirail. Nous changions les draps, apportions les plateaux des repas, prenions la température, parfois aidions à faire absorber les médicaments, nous assistions à toutes les interventions, y compris souvent des ponctions de la moelle épinière. Nous donnions du sang et des plaquettes.

Nous apprenions à régler les intraveineuses, à doser les médicaments, et nous exercions une surveillance inquiète pour veiller à ce que chaque enfant reçoive bien le traitement prescrit. L'armoire aux fournitures était d'accès libre, et nous nous servions nous-mêmes. Quand un enfant était en consultation externe, le sac de sa mère pouvait contenir des pansements de secours, du sparadrap, de la gaze, du coton hydrophile, peut-être une ou deux seringues, une solution saline, une solution d'héparine, des médicaments, du savon antibactéries ou tout au moins quelques mouchoirs aseptiques, etc. Nous avions un attirail de drogués. Nous avons appris ce que signifiaient les numérations globulaires, et c'était particulièrement important pour les patients en consultation externe, qui devaient savoir exactement à quel point ils pouvaient risquer une infection. La numération globulaire permettait-elle d'aller en classe, ou au cinéma ? Chez nous, dans le Kansas, il y avait des numérations trois fois par semaine. Nous ne voulions pas attendre que le médecin ait terminé sa longue journée de travail, qu'il ait appelé le laboratoire, qu'il nous ait donné les explications, etc: les médecins apprirent bientôt à autoriser le laboratoire à nous donner directement les informations, et nous pouvions en tirer les conclusions nous-mêmes.

En consultation externe, nous avons appris aussi à donner certains des médicaments. Pour ceux, par exemple, qui devaient être donnés par intraveineuses trois fois par jour à intervalles réguliers, il n'était guère facile d'aller en ville, en voiture, à sept heures, quinze heures et vingt et une heures, tous les jours, pendant 15 jours ou davantage, sans être absolument certains que le service d'urgence pourrait faire l'injection en temps voulu. Nous avons donc appris à le faire nous-mêmes. Le médecin implantait une aiguille pour intraveineuse et l'assujettissait par un brassard contenant une planchette. A la maison, trois fois par jour, nous préparions le mélange frais de produits, et après avoir vérifié que tout fonctionnait bien (dans le cas contraire il fallait malgré tout faire un saut à l'hôpital) nous donnions l'injection ou laissions, parfois, l'enfant se la faire lui-même. Après quoi il retournait à son jeu ou à l'école, ou dans son lit, avec le minimum de dérangement et d'inquiétude.

Les parents apprirent aussi quand il y avait à s'inquiéter, ou non. Peu à peu, ils surent que dans certains cas on doit s'attendre à des vomissements, à une élévation de température ou à des douleurs inattendues, mais aussi que parfois un mal de tête, ou une ecchymose, ou un gain de poids, peut indiquer quelque chose de grave.

A bien des égards, nous étions les assistants des médecins. Nos connaissances et nos compétences étaient minimes, mais nous en savions assez pour signaler bien des choses qu'il n'était pas possible à l'équipe soignante de remarquer. Et si des parents informés peuvent faire des erreurs, des parents non informés en font bien davantage, sans parler du tourment d'être sans cesse agité par l'incertitude et la crainte. On n'est pas forcément heureux quand on ignore.

Certes, la méthode de confier certains soins aux parents n'est pas une méthode parfaite, mais l'important, c'est que presque tous les parents que j'ai rencontrés là où elle était appliquée étaient heureux de pouvoir rendre un service quelconque, si déplaisant, fastidieux ou même accompagné d'inquiétude qu'il ait pu être. On en était récompensé. Je ne connais pas de parents qui aient trouvé agréable de nettoyer du vomi ou de changer un pansement nauséabond : mais j'en connais peu qui eussent préféré laisser cela à quelqu'un d'autre.

Les parents s'aidaient aussi les uns les autres. Le meilleur conseil que j'ai reçu m'a été donné par deux mères. L'une d'elles, que je connus rapidement à l'hôpital, avait une petite fille dont la vue, sincèrement, m'était pénible : c'était un vrai petit squelette, l'image même de la mort. Tout ce qui peut arriver de pénible à un cancéreux, cette enfant l'avait subi. Elle me rappelait, de façon déchirante, ce qui pourrait arriver à ma belle petite fille, et l'approcher me mettait mal à l'aise. Elle a longtemps hanté mes rêves, avec tout ce qu'elle représentait.

Sa mère et moi n'avons jamais été intimes, nous n'en avons pas eu le temps, car cette petite Marie est morte peu

Fig. 1

Laura

Fig. 2

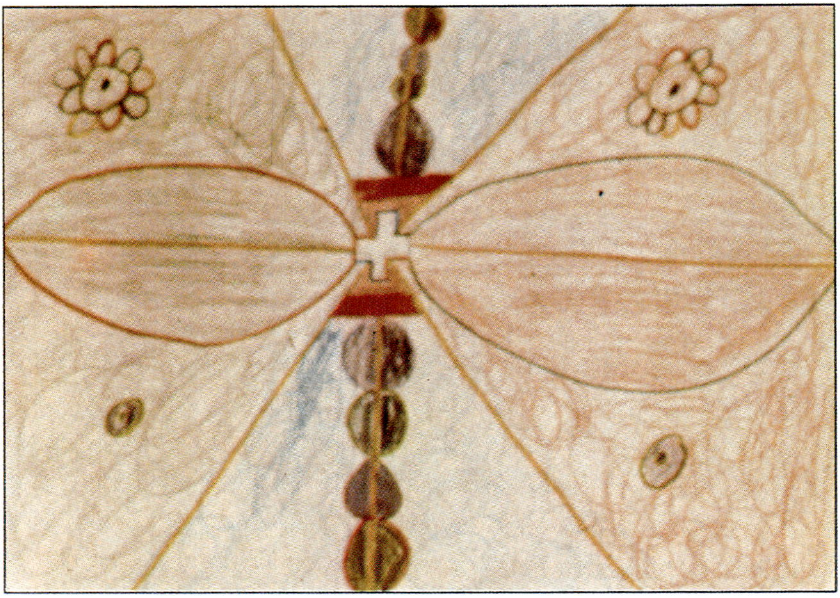

Fig. 3

Bill

Fig. 4

Bill

Fig. 5

Fig. 6

Fig. 7

Teresa

Fig. 8

Fig. 9

Jamie

Fig. 10

Fig. 11

Joann

Fig. 12

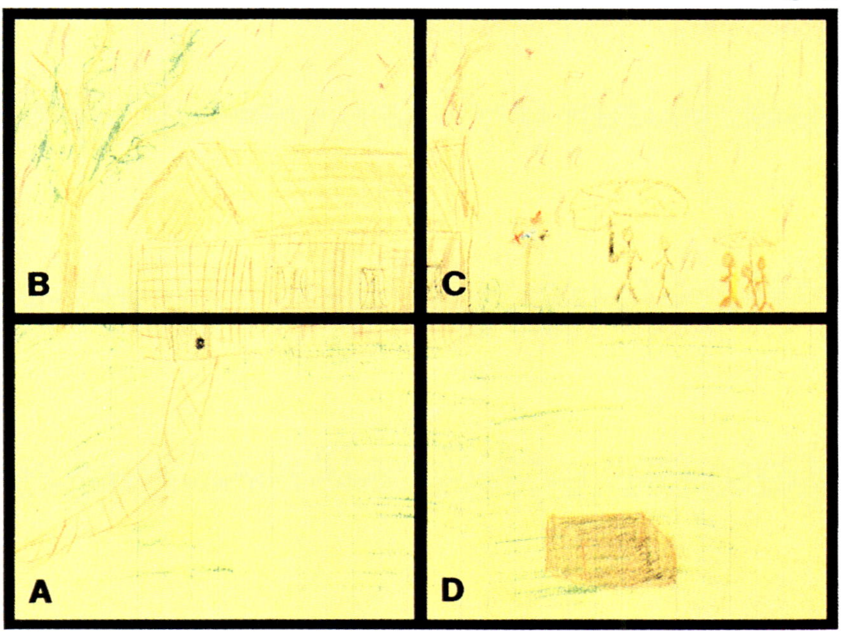

Fig. 13

Joann

après notre arrivée à l'hôpital. Le matin de sa mort, nous ne l'avions pas encore appris quand sa mère, au moment de quitter l'hôpital, entra dans notre chambre, me prit les deux mains et me dit : « Bonne chance pour vous. » Je compris aussitôt. Marie était la première. Ainsi c'était vrai, les enfants mouraient ici. Nous sommes sorties dans le couloir et elle m'a dit : « N'ayez pas peur de la laisser partir. » Nous nous sommes embrassées, et elle est partie, me transmettant cette pensée simple, mais précieuse. Une autre mère qui m'a bien aidée a partagé notre chambre et s'est chargée de m'enseigner la plupart des règles de la vie à l'hôpital. Elle reste pour moi une amie très chère. C'est la mort de son fils, un an avant celle de Meredith, qui pour la première fois nous a obligés à mettre Meredith en face de la mort d'un camarade qui avait la même maladie qu'elle. Nous avons été souvent voir ses parents, et Meredith a pu voir comment ils supportaient leur chagrin, dont ils souffraient visiblement, mais sans rien dramatiser, et comment ils avaient repris goût à la vie avec les enfants qui leur restaient, et qui ne semblaient pas conserver de rancune à l'égard de l'enfant malade et de l'hôpital qui avait gardé si longtemps leur maman éloignée d'eux.

Ce fut elle qui me suggéra doucement que nous devrions nous occuper à l'avance de l'autopsie, des obsèques, de tout ce qu'on doit faire en cas de décès. Ce fut elle aussi qui, ayant passé par une épreuve exceptionnellement longue et difficile, me dit que ce n'était pas aussi terrible qu'on le pense à l'avance. Et elle avait raison.

Ces deux facteurs : l'organisation des soins confiés aux parents et la petite société des mères prêtes spontanément à aider, voilà ce qui nous a été d'un grand secours pour arriver à surmonter l'épreuve de la mort de notre enfant. Mais il y eut encore d'autres personnes dont la présence eut du poids. L'une d'elles s'exprime dans les entretiens enregistrés qu'on trouvera plus loin. Il me semble que cela est assez courant : la plupart des parents s'appuient sur quelqu'un, la famille proche ou d'autres parents. Il peut s'agir d'un ami, d'un parent éloigné, mais très souvent, je l'ai remarqué, d'un membre du personnel soignant avec lequel se noue une sympathie. Non pas, habituellement, le médecin traitant, mais souvent quelqu'un d'un autre service qui se trouve avoir des contacts avec cette famille : secrétaire, kinésithérapeute ou ergothérapeute, laborantine, infirmière ou médecin appartenant à d'autres services... Chaque enfant semble avoir un « ami personnel » dans la population hospitalière.

L'amie personnelle de Meredith fut une jeune étudiante en psychologie, N., qui, pour préparer son doctorat, faisait une recherche à l'hôpital, au cours de l'été 1971. Elle s'intéressa aux enfants opérés du cancer et qui suivaient un traitement de réadaptation. Nous n'étions donc pas sur sa liste de patients, mais elle tint des séances de groupe avec des enfants dans notre chambre. Meredith et elle furent bientôt liées par une grande amitié. A la fin de l'été, elle repartit pour l'université et Meredith, connaissant enfin une rémission longtemps attendue, put revenir à la maison. Avant notre séparation, cette jeune femme me confia qu'elle-même avait une tumeur cancéreuse : la seconde, et inopérable. Elle me demanda de ne jamais le dire à Meredith.

Moins d'un mois après, N. nous téléphona, de longue distance, pour demander si elle pouvait venir nous voir pendant un week-end. Je dis oui, à contre-cœur ; j'étais pour plus d'une raison contrariée de cette demande, mais Meredith s'était tellement attachée à cette jeune fille que je ne pouvais refuser.

Cette visite fut assez désastreuse (on trouvera plus loin, sous le titre « L'équipe », un récit partiel de ce qui s'est passé). Malgré tout, ce fut le début d'une profonde amitié entre nous trois, et plus tard c'est ensemble que nous avons envisagé la mort.

La rémission de Meredith se maintint un an après sa première hospitalisation. Je l'emmenais souvent en consultation externe à Houston, et nous avions l'occasion d'y revoir N., qui n'avait plus de blouse blanche car elle était dans un nouveau rôle, celui de malade. Ses parents nous proposèrent de nous arrêter chez eux et nous les avons vus fréquemment.

Au cours de cette année Meredith se porta bien et mena

une vie relativement normale, tandis que la maladie de N. s'aggravait. Trois fois je lui dis adieu en pensant qu'elle ne survivrait pas au prochain traitement, à la prochaine opération. Non seulement elle a survécu, mais elle semble complètement guérie de son cancer. C'est un succès exceptionnel, tant elle avait eu d'obstacles à surmonter.

Et moi j'ai survécu. J'avais dissimulé pendant des mois les symptômes qui révélaient que, presque au moment du début de la maladie de Meredith, j'avais été atteinte de sclérose multiple. Mais je ne pouvais pas le cacher plus longtemps.

Aujourd'hui il me semble difficile d'imaginer que je vais mourir de quelque chose, je ne me trouve handicapée en rien, et je me sens trop en forme pour penser à la mort. Mais au printemps de 1972, quand j'ai cessé de vouloir me persuader et persuader mon entourage que j'étais une superwoman, la mort est devenue une menace réelle — bien qu'à ce moment ce ne fut pas réaliste. Mon seul désir alors était d'avoir la force de vivre assez longtemps pour accompagner Meredith jusqu'au bout de son épreuve.

En dépit de mes craintes, cette maladie n'a jamais entravé mes possibilités normales d'action, ne m'a jamais empêchée de soigner ma fille. Et à bien des égards, elle m'a donné de la force, et elle a permis une compréhension mutuelle plus profonde entre nous.

A la fin d'août 1972, Meredith eut une rechute, et, par coïncidence, ce fut après une visite à un nouvel hôpital d'enfants où travaillaient à présent plusieurs des médecins et des infirmières que nous avions le plus appréciés. Cette visite nous fit grande impression et nous mit dans l'embarras : quel hôpital choisir ? En fin de compte, nous avons préféré retourner à Houston.

Cinq mois difficiles s'écoulèrent alors, entre la première rechute de Meredith et sa mort en janvier. Elle ne fut que deux mois hospitalisée, elle passa trois semaines à la maison, et le reste du temps elle fut en consultation externe. « A la maison », c'est-à-dire dans la famille de N., ou dans un appartement que nous partagions avec d'autres familles de Wichita ayant un enfant en traitement à Houston.

Dans le service pédiatrique, les changements survenus dans le personnel avaient entraîné une atmosphère différente. Ou peut-être que pour nous les « anciens », la différence était plus sensible, parce que revenir après une rechute, c'était sentir dans l'air un présage de malheur. Lors de notre premier séjour, on ne pouvait guère que remonter la pente. Cette fois nous savions que nous ne pourrions que la descendre.

Alors, jusqu'à l'automne, ce furent des hauts et des bas : rechute, rémission, rechute, rémission... Après Thanksgiving Day [1] une pneumonie suivie de l'essai d'un nouveau traitement chimiothérapique laissèrent Meredith plus vulnérable que jamais aux infections. Noël approchait et les perspectives devenaient plus sombres.

Quinze jours avant Noël, nous avons acheté un tout petit sapin et passé les jours suivants à le décorer. J'ai accroché à ses branches du popcorn [2] et des canneberges [2], et Meredith a découpé des pères Noël et des étoiles et des anges. Ce petit arbre minable devenait le symbole des derniers espoirs, des derniers efforts. En fait, ce fut l'arbre de Noël le plus joli que nous ayons eu. Le petit cordon lumineux brillait comme un phare à la fenêtre de notre appartement.

Quatre jours avant Noël, la ponction de moelle osseuse donna, une fois de plus, un mauvais résultat. Je n'en fus pas surprise, mais Meredith fut profondément déçue. Une rémission lui semblait due. Pendant tout l'automne, elle avait bien accepté les mauvais résultats de ces ponctions, parce qu'elle pensait toujours que la prochaine fois le résultat serait meilleur. Elle pleura beaucoup. Ce fut le commencement de la fin.

Les médecins nous renvoyèrent à la maison. Mais nous ne pouvions pas rentrer chez nous, Hunter (mon fils) était très

1. *Thanksgiving Day*: fête célébrée le dernier jeudi de novembre, en actions de grâces, depuis 1621, année où elle fut instituée par la colonie de Plymouth en remerciement à Dieu pour la première récolte. *N.d.T.*

2. *Popcorn*: grains de maïs éclatés; *canneberges (cranberries)*: baies comestibles d'un arbuste, de la même famille que l'airelle. *N.d.T.*

malade et nous ne pouvions pas exposer Meredith à la contagion. Nous nous demandions quelle décision prendre. C'était le dernier Noël, nous le savions tous, et il fallait que, malgré tout, il soit heureux.

Nous avons failli rester à Houston. Notre « famille » du service pédiatrique y était encore, et nous étions devenus si intimes que cela aurait été sympa de rester avec eux. (Et même, ceux qui avaient été libérés pour le jour de Noël apportèrent une dinde, des accessoires de Noël et du champagne : avec eux et leurs familles, ce fut à l'hôpital un Noël plein d'entrain.)

Mais pourtant nous avions pris la décision de partir, en voiture, en faisant avant de rentrer chez nous un grand crochet par le Missouri pour participer à une réunion familiale chez mes parents, la veille de Noël. Nous avions emporté notre petit sapin. En dépit de nos déceptions, ce furent des moments heureux. Et le même jour, Hunter était rétabli. A présent nous voulions rentrer chez nous, dans le Kansas.

Nous avons abordé l'allée devant la maison le 24 décembre à 9 heures et demie du soir, juste avant le père Noël. Des amis avaient mis partout des branches vertes qui sentaient bon, des bougies rouges, des coupes de fruits et de peanuts. Le feu resplendissait. Le sapin était décoré et des cadeaux s'empilaient tout autour. La famille était réunie enfin, et malgré les ravages de la maladie, les inquiétudes, la séparation, ce fut notre plus beau Noël.

La semaine qui suivit, pourtant, ne fut pas aussi joyeuse. Meredith dut subir plusieurs transfusions. Sa numération globulaire était médiocre. Elle commença à montrer qu'elle avait peur de mourir. Elle me demanda : « Est-ce qu'on peut mourir si l'on n'a plus de polys [1] ? » Je lui répondis que non, et lui expliquai pourquoi. « Mais j'ai tellement la frousse », me dit-elle.

J'ai essayé de la rassurer, lui disant que ces choses-là pou-

---

1. *Polys* : leucocytes polynucléaires, variété de globules blancs, formés dans la moelle osseuse, qui jouent un grand rôle dans la défense de l'organisme contre les infections. *N.d.T.*

vaient effrayer, mais qu'elle en avait connu déjà et qu'elle en était sortie. « Toujours les numérations globulaires devenaient meilleures. » Mais elle lisait en moi. Cette semaine-là, nous avons fait des prévisions pour les obsèques.

Très rapidement, une infection se déclara, et nous reprîmes le chemin du Texas. Elle fut bientôt enrayée. Mais nous n'avions plus, ni l'une ni l'autre, le même état d'esprit. Je m'en rends bien compte à présent mais à l'époque je sentais seulement que quelque chose était différent, quelque chose d'indéfinissable.

Nous avons commencé à nous mettre à l'écart. Nous voulions nous blottir l'une contre l'autre sur mon lit de camp, et nous n'avions aucun besoin de quelqu'un d'autre à qui parler, même s'il s'agissait de nos compagnes de chambre, que nous aimions pourtant. Meredith me disait qu'elle avait peur. « Peur de quoi ? — Oh, peur, tout simplement. »

Le traitement me tourmentait, et j'insistai pour qu'il y ait une consultation de médecins. On m'informa de ce que je savais déjà. L'état ne s'améliorait pas, mais il y avait encore des médicaments qu'on pouvait tenter. Puisque des tentatives restaient possibles, je me repris à espérer.

Huit jours plus tard, Meredith était mieux et elle fut autorisée à passer le week-end hors de l'hôpital. Jerry et Hunter prirent l'avion pour nous rejoindre. Nous pensions passer ensemble un week-end tranquille dans notre appartement. Mais en y entrant, nous nous sommes aperçus que des inconnus y étaient venus, avaient jeté toutes nos affaires dans le vestibule et avaient tout laissé parsemé de mégots et de débris de nourriture avariée. L'odeur était repoussante. Nous n'avons pu découvrir les coupables. La seule solution fut d'aller dans un motel.

Nous n'avons jamais éclairci ce mystère, malgré nos recherches. La colère montait en nous, les notes de téléphone montaient aussi. Mais le dimanche, cela n'avait plus d'importance, car un autre malheur nous frappa : Meredith se plaignit de symptômes auxquels nous reconnûmes la pneumonie.

Elle souffrait beaucoup. Nous avons repris tranquillement

nos affaires et nous sommes reparties pour l'hôpital. Le soir même, Jerry et Hunter reprirent l'avion.

Au cours de la semaine, le nombre de globules blancs baissa de plus en plus et la pneumonie s'aggrava. Le vendredi, on sut qu'elle avait le plus grand besoin de globules blancs pour lutter contre l'infection. Par bonheur, nous étions dans un des rares hôpitaux du pays qui possède des appareils pour l'extraction des globules blancs [1]. Jerry reprit encore l'avion pour nous donner les précieux globules : il était son donneur préféré. Mais cette méthode d'extraction a de grands inconvénients : il faut rendre le donneur malade pour que son organisme réagisse en produisant des globules blancs suffisamment nombreux, sans lesquels la mort du patient serait inévitable. Ces donneurs sont de vrais héros.

Pendant plusieurs jours Jerry ne put être soumis à la machine. Alors Meredith fut mise sur la liste des cas critiques, et nous nous préparâmes à l'inévitable. Mon père, médecin dans le Missouri, vint nous rejoindre. Après avoir pris une décision qui fut la plus difficile de toutes celles qu'il fallut prendre pendant la maladie de Meredith, nous avons téléphoné à Hunter d'arriver aussitôt, par avion.

Nous avions voulu préparer Hunter à la mort de sa sœur, mais il lui était très difficile de supporter cette idée. A Noël, comme nous lui avions dit que l'issue fatale serait peut-être plus proche que nous n'avions pensé, il nous déclara que si elle allait mal, il ne désirait pas aller la voir à Houston.

Pourtant nous l'avons fait venir. Et quand il la vit, alors qu'elle était déjà dans le coma, il réagit très bien : il lui caressa la tête, lui dit qui il était, et qu'il l'aimait. En fait, il lui dit adieu. Il n'était pas à l'hôpital au moment même de sa mort. Sur le chemin du retour, il nous demanda si on ne s'était pas trompé, si elle était vraiment morte. J'ai trouvé d'abord cette question très puérile, de la part d'un garçon de douze ans, qui a bien l'âge de savoir que quand on est mort,

1. Il s'agit d'une machine qui prélève le sang dans la veine du donneur, en sépare les éléments, prélève les globules blancs recherchés, puis réinjecte le sang au donneur. *N.d.T.*

on est mort. Et puis je me suis souvenue que j'avais posé la même question la première fois que j'avais appris la mort d'une de mes amies : et j'avais alors quatorze ans.

Faire face à la réalité ultime, c'était difficile, même pour moi. Mieux que toute autre personne de la famille, j'avais su que la mort la gagnait de vitesse, jour après jour ; pendant tout ce temps, j'avais été malheureuse, d'abord en apprenant le diagnostic, puis à la première rechute. (Un médecin nous a dit que la première rechute était le coup le plus dur à supporter.) Et quand la fin arriva, nous étions prêts. Je l'ai vue exhaler son dernier soupir. Et j'ai pleuré, mais j'étais soulagée de penser qu'elle ne souffrirait plus. Elle semblait fraîche, bien portante, en paix.

Quand nous l'avons revue trois jours plus tard dans son cercueil, cela n'a pas été la même chose, ni pour mon mari ni pour moi. C'était une autre mort... J'avais parlé à l'entrepreneur des pompes funèbres, en lui demandant pourquoi nous devions faire tout cela : donner de quoi l'habiller, puis revenir la voir, alors que nous avions projeté de faire fermer le cercueil dès le service religieux. Il nous a dit qu'il nous fallait la revoir encore une fois. A présent j'ai compris pourquoi. C'était comme un point final, quelque chose de définitif, auquel nous ne nous étions pas encore préparés.

Depuis lors, j'ai eu certes du mal à m'habituer à cette perte, j'ai eu du mal à me réadapter à ma famille après en avoir été séparée si longtemps, j'ai eu du mal à trouver une direction et un projet dans ma vie parce que mes valeurs s'étaient modifiées et que les anciennes valeurs ne me convenaient plus. Mais je n'ai pas eu de mal à accepter la réaction de la mort de Meredith. C'est pour moi ce qui est arrivé de plus « réel ».

Ce que j'ai ressenti pour ma fille et sa lutte avec la mort n'ont certes rien d'unique. Ils n'ont pas non plus un caractère universel. J'espère que la recherche qui se poursuit actuellement, sur la mort et les mourants, aboutira à donner beaucoup de renseignements utiles. Et que, tous, nous serons libérés de nos vieilles craintes au sujet de la mort, de nos anciens tabous, afin de vivre plus pleinement, de tirer plus de joies de l'existence. Même ceux — et peut-être surtout ceux-là — qui sont gravement malades et proches de leur fin. Jusqu'à tout récemment, il y avait là une voie inexplorée.

Dans les pages qui suivent, on trouvera des aperçus de la vie et de la mort dans un service d'enfants cancéreux. C'est en partie puisé dans mon expérience et dans mes observations. Les entretiens ont été enregistrés six semaines après la mort de Meredith ; j'étais allée revoir des amies qui avaient travaillé à l'hôpital : une jeune psychologue qui était également malade, et une autre, membre de l'équipe soignante, qui avait de l'expérience et une formation dans une profession d'aide. Ce sont des conversations personnelles, je les livre comme une expérience qui, je l'espère, pourra faciliter une compréhension : mais il ne faut pas les utiliser comme des conclusions de caractère scientifique, ou comme une image de la politique hospitalière. Les noms, excepté ceux de ma famille, sont fictifs.

DIFFICULTÉS FAMILIALES[1]

Bien souvent, quand une maladie très grave frappe une famille, un effet inattendu peut être le divorce des parents. On ne dispose pas de statistiques précises, mais des professionnels, dans plusieurs situations hospitalières, ont estimé que le nombre des divorces peut être de 4 à 5 fois plus élevé pendant la maladie de l'enfant. Quant aux divorces survenant après la mort de l'enfant, rien ne permet d'en avoir un chiffre précis.

Mère (M.). — Nous parlions de la façon dont vous parlez à des couples en difficulté. Nous nous demandions si, après avoir connu ces difficultés, des vies familiales peuvent retrouver leur équilibre.

Conseillère psychologique (C.). — Visiblement, certains ménages, déjà, ne s'entendaient pas bien avant leur arrivée ici, ne s'étaient jamais bien entendus. Et selon l'expérience que j'en ai, ces ménages ne tardent pas à se briser. Et puis,

---

1. Les entretiens suivants, publiés tels qu'ils ont été enregistrés, gardent le *style parlé* qui, privé des gestes et des expressions du visage qui le rendaient plus clair, offre de réelles difficultés à la traduction. Nous espérons toutefois n'avoir pas trahi la pensée des interlocuteurs et avoir montré le double intérêt de ces textes : 1° la solution de Houston (garder la mère à l'hôpital auprès de son enfant) peut avoir des inconvénients sérieux pour la cohésion familiale ; 2° cette vie en vase clos et le contact étroit avec de très grands malades n'a pas que des côtés bénéfiques. La conseillère (*counselor*) intégrée à l'hôpital, et par ailleurs médecin, pourrait être E. Kübler-Ross elle-même. *N.d.T.*

il y a un certain nombre d'autres ménages qui probablement n'auraient pas connu de graves mésententes — non pas ce que nous définirions, vous et moi, comme des mariages réussis, mais dans la situation de beaucoup de gens, sans jamais donner ce qu'ils auraient pu donner, mais sans véritable rupture —, pour ceux-là, cette situation est très éprouvante, et très souvent ils se séparent à un moment quelconque de la maladie de l'enfant, ou après la mort de l'enfant. Et je pense que pour un certain nombre, s'il n'y avait pas eu ce drame, ou une autre crise aussi grave, ils ne se seraient pas séparés.

Il y a certains couples, par contre, qui ont été fortifiés par cette épreuve. Cela ne veut pas dire qu'ils n'ont pas connu des moments difficiles. Mais, à mon avis, si des gens peuvent connaître cette souffrance de perdre un enfant et la supporter, leur vie conjugale peut s'en trouver enrichie, tout comme, vous le savez, on peut s'en trouver enrichi individuellement.

Quand on veut faire du conseil conjugal, une des grandes difficultés ici c'est que, le plus souvent, on ne voit qu'un seul des conjoints. Je ne veux pas dire qu'on ne puisse obtenir de résultats avec une seule personne, mais, comme dans toute thérapie, si l'un des membres du couple est en thérapie et l'autre non, cela même, en soi, peut contribuer à la rupture du couple. Aussi ce que nous essayons de faire, ici, si quelqu'un nous demande des entretiens et qu'il soit impossible de les recevoir tous les deux, c'est d'encourager le conjoint que nous ne pouvons recevoir à chercher, là où il est, une aide psychologique ; et puis nous faisons du mieux que nous pouvons ici.

Je pense à un couple du Texas... Je les ai adressés à un service d'aide familiale, ils y sont allés une fois ou deux, et puis, comme beaucoup de gens quand la crise immédiate s'est calmée, ils n'y sont plus retournés pendant quelque temps. Puis ils sont revenus périodiquement, et parfois l'épouse m'envoyait un coup de téléphone de longue distance, et je m'efforçais de les inciter à revenir, en soulignant qu'ils n'avaient rien résolu vraiment. Elle avait des symptômes physiques divers, et je lui ai dit qu'à mon avis, ils étaient liés à ce qui n'allait pas entre eux deux. « Oh ! mais non ! » Ils ne voulaient pas en entendre parler ! Mais en fin de compte, ils l'ont fait et ils ont à présent des entretiens réguliers. Voilà le genre de chose qu'on peut faire.

Les gens ont toutes sortes de difficultés : c'est le mari qui perd son emploi, c'est l'un ou l'autre qui est adultère, etc. Cela peut entraîner la rupture du couple. Mais on peut aussi y réfléchir à deux. Et, à mon sentiment, pendant que les enfants sont en traitement ici les parents sont séparés, immédiatement. Pas forcément, car il y a le cas où le père, si son métier le lui permet, peut déménager avec sa famille pour venir habiter ici. C'est beaucoup plus satisfaisant. Mais tout le monde ne peut pas venir vivre à Houston, bien sûr.

M. — Je crois qu'il y a aussi autre chose et j'en ai parlé avec plusieurs mères. Nous avions l'impression qu'en venant, nous, vivre à Houston, nous nous soumettions à cette maladie et que c'est elle désormais qui réglerait notre existence. Ce n'est pas dire : « Elle ne prendra pas plus de 90 % de l'existence », ça on peut l'accepter : c'est dire qu'elle prendra 100 %, et ça, on ne l'accepte pas facilement. Ma première réaction, je sais, a été : nous allons vivre à Houston. Mais la seconde a été : non, ce n'est pas possible. Si on a sa vie ici, c'est plus facile. Et nous avons eu un appartement, c'est plus facile ainsi, bien sûr.

C. — Mais vous n'aviez ici ni votre mari ni votre fils.

M. — C'est vrai, mais j'ai eu tant d'amis ici que cela me faisait une « famille », et cela rendait les choses plus faciles.

C. — Mais je parle de votre vraie famille, de la famille nucléaire. Et je comprends ce que vous voulez dire. Je m'oppose à ce que disent certains médecins : vous avez, mettons, de l'asthme, eh bien ! allez vivre en Arizona. Et si on ne veut pas s'installer en Arizona, ça crée de nouveaux problèmes. Réellement, je n'encourage pas les gens à venir s'installer ici. Il faut déjà être géographiquement ensemble (mais je sais que ça ne veut pas dire qu'on sera vraiment « ensemble »).

Mais je sais aussi que la séparation matérielle en soi peut entraîner, dans la plupart des cas, une rupture. Les gens évoluent, ils évolueront séparément s'ils ne vivent pas ensemble. Il ne peut en être autrement. Ma réaction personnelle, vous savez, est celle-ci : vous les mamans d'enfants leucémiques, si vous vous imaginez que cette maladie ne va pas dominer votre existence, vous vous faites des illusions. Absolument.

M. — Certes oui. Mais il y a des points de rupture, des moments où on prend conscience... Il est difficile de vivre séparés. D'abord, je sais, ça nous a beaucoup rapprochés. Mais quand nous sommes revenues à la maison après trois mois passés ici, tout semblait se désagréger, et depuis cela n'a pas été facile. On évolue différemment, on espère des choses différentes à des moments différents. Rien ne semble cadrer.

C. — Je me demande si c'est bien logique (naturellement je sais que notre société est organisée ainsi : le père gagne le pain quotidien, la mère soigne les enfants) mais je me demande si c'est bien logique de penser que c'est vraiment, ce qu'on fait ici, la meilleure façon de faire. Du point de vue médical, évidemment, avoir un grand Centre hospitalier semble plus raisonnable que de faire travailler les gens dans de petits hôpitaux, un peu partout, où l'on sera moins qualifié et où l'on n'aura pas tous les perfectionnements techniques. Mais je voudrais qu'il y ait un moyen d'obtenir que le père et la mère, à tour de rôle, restent auprès de l'enfant malade. Cela se voit quelquefois : la mère est enceinte, ou malade, et le père vient la remplacer, ou parfois un des grands-parents. Mais ce n'est pas utile seulement pour soulager la mère, cela permet aussi au père de s'impliquer davantage. Bien souvent les barrières qui s'élèvent entre les parents, ou leur désaccord au sujet d'un traitement, ont simplement, je pense, cette raison-là : tant que vous n'êtes pas ici tous les jours, avec tout ce qu'il y a à supporter et à voir, il vous est bien difficile de prendre une décision raisonnable sur ce qu'on voudrait voir faire. Et il y a tant d'autres éléments en jeu, vous savez, un tel sentiment de culpabilité, tant de choses...

L'intégration des parents dans les soins à l'hôpital, cela a bien des avantages. Le plus précieux pour la mère, c'est qu'elle peut rester auprès de son enfant, lui donner des soins constants, le rassurer par sa présence autant que s'il était à la maison.

Mais il y a aussi des inconvénients : entre autres, les pères se sentent parfois exclus, et souvent ils sont beaucoup plus tendus que les mères. Plus le père est écarté de cette situation — que ce soit pour des raisons de profession ou d'éloignement matériel, ou parce que, parfois, la mère le laisse affectivement en dehors —, plus il peut se sentir jaloux, menacé, et moins il est préparé à la mort éventuelle de l'enfant. La sécurité que donne l'hôpital ne s'étend pas nécessairement au-delà de la mère et de l'enfant.

Pour les familles les plus courageuses, c'est une dure épreuve. Si l'on fait effort pour maintenir la famille comme une unité, qui participe dès le début à ce qui se passe, certains aspects de cette épreuve peuvent être adoucis. De toute façon, c'est lourd.

On essaie aujourd'hui de nouvelles méthodes de réadaptation d'opérés du cancer, qui incluent une certaine prévention des difficultés familiales. Un adulte amputé, par exemple, peut passer la période postopératoire dans un établissement de rééducation, où il apprend à s'adapter à la vie quotidienne avec une prothèse. Avant sa sortie définitive, il peut s'installer provisoirement avec les siens dans un logement dépendant de l'hôpital, où la famille vivra une période d'adaptation, psychologique et physiologique : déjà un peu « la maison », où la sécurité de l'hôpital est proche, mais où le cadre familial n'est pas l'environnement hospitalier.

N.[1] — On ne peut pas écarter l'anxiété qu'éprouvent tous

1. *N.* : il s'agit de l'étudiante en psychologie, elle-même atteinte d'un cancer, dont il a été question et dont il sera encore question plus loin, dans l'entretien intitulé : « L'équipe ». *N.d.T.*

les parents, la peur, la dépression, la frustration, parfois le désespoir. On les rencontre toujours quand on s'occupe des patients et de leur famille, et quelquefois, on rencontre des problèmes très particuliers avec les frères et sœurs. Je pense, comme Mrs B., que les pères devraient participer davantage.

M. — On trouve plus de pères dans le service à présent que l'année dernière.

N. — C'est vrai. Il y a le papa de Jim, celui de Carl, celui de Fred.

M. — Et mon mari, Jerry. J'ai dit à Jerry que tant que Meredith n'était pas hospitalisée, ce n'était pas nécessaire qu'il prenne l'avion pour venir. Mais que quand elle l'était, c'était ce qu'il pouvait faire de plus chouette. Bien sûr, il est venu beaucoup le premier été, au début de la maladie de Meredith. Mais cet été-là, le seul autre père dans le service était le père de Tom, et il habitait, ici, en ville. A présent le papa de Crissy vient tous les week-ends, et celui d'Annie, quand il peut, ou quand il faut prendre une décision.

N. — Oui, il y a des pères qui viennent pour le week-end. Je pense que les pères comprendraient mieux s'ils venaient, mais que le week-end n'est pas le meilleur moment, parce qu'alors l'hôpital fonctionne au ralenti. Ceux qui restent pendant la semaine voient vraiment ce qui se passe. La monotonie quotidienne, les attentes. Les enfants ne vont pas à la thérapie pendant le week-end. Les pères trouvent que c'est relativement tranquille. Ils n'ont pas à se tracasser comme on le fait dans la semaine pour aller d'un endroit à un autre pendant que les infirmières sont occupées partout et qu'on fait des prélèvements de cultures. Le père sera moins secoué par la mort de l'enfant s'il a assisté à tout ceci.

M. — Jack a été bien secoué, lui. Quand sa femme est entrée hier et lui a dit : « Ça y est, c'est fini », il n'était pas prêt à l'entendre. On voit des gens intelligents qui viennent beaucoup ici, comme Jack, qui ont été mêlés à tout. Et puis, il a dit qu'il ne pouvait pas le croire. Ainsi... le

Dr C. est venue ce matin et lui a expliqué tout ce qui s'était passé ; Mary le lui avait dit, mais il fallait qu'il l'entende du Dr C., parce qu'elle est le médecin. D'autres papas ont le même problème. En un sens, Jerry a eu le même problème. Quelquefois, on n'a que la force nécessaire pour supporter ce merdier, et il faut qu'on dise... (Je parle du point de vue d'une mère désespérée, qui est restée ici si longtemps, et je regrette qu'il en soit ainsi, parce que cela ruine bien des ménages)... on a juste la force de supporter cette épreuve qui n'en finit pas, qui ne peut pas bien finir, dont on ne voit pas le bout, ce supplice..., je ne connais aucune mère ici qui n'ait été sur le point de dire : « Fichez le camp, tous, laissez-moi seule », et les papas sont poussés dehors. Et, oui, c'est un des drames de ce service, que les papas soient poussés dehors, et d'autres membres de la famille aussi. Parce que vous en êtes au point où vous ne pouvez que vous cramponner, c'est tout ce que vous pouvez faire pour tenir le coup. Et c'est, je crois, une des raisons qui rendent la situation si pénible aux pères surtout quand la fin arrive. Tout à coup, oui, les gars, c'est la fin, il faut que vous veniez prendre part à ça, et ils disent : « Je ne comprends pas. »

N. — Qui élève l'enfant ? la mère.

M. — Eh bien ! le père aussi.

N. — Mais essentiellement, c'est la mère. Pendant les cinq premières années de sa vie, avec qui l'enfant passe-t-il le plus de temps ? Avec la mère.

M. — Bien, je ne sais pas. Chez nous, Jerry a toujours passé beaucoup de temps avec les gosses. Je suis toujours sortie le soir, c'étaient mes heures de sortie, je suivais des cours du soir. Je restais à la maison pendant la journée, et lui le soir. Je peux dire que Jerry était très participant. Mais tous les pères ne le sont pas, je sais.

N. — Mais la plupart des pères ne s'occupent pas beaucoup de soigner les enfants, de les nourrir, de changer les couches. Je pense que cela est en train de changer, les rôles du père et de la mère, vous savez, vont s'uniformiser. Le temps à l'hôpital devrait être passé ensemble pour que le père sente qu'il a part à ce qui arrive. Mais si souvent les pères sont écartés parce qu'ils préfèrent rester à l'écart ! C'est plus facile. Ils disent : « C'est ça, je paierai les frais et toi tu resteras avec l'enfant. »

M. — Beaucoup se réfugient dans leur travail.

N. — Oui. Ils disent : « Écoute, il faut bien que nous mangions, je ne peux pas rester tout le temps ici, il faut que j'aille travailler », et c'est vrai, mais il faudrait qu'ils puissent porter une part des responsabilités et une part des chagrins. Dans votre cas, Jerry est venu, c'était une bonne chose, cela vous a donné du temps pour être avec lui et, à lui, du temps pour être avec Meredith. Et pourtant, vous aviez beau dire, Jerry savait qu'il devait rentrer à la maison le dimanche pour retourner au boulot, à sa vie normale. Il était donc plus facile pour lui de supporter le week-end.

Et je me rappelle ce samedi où vous vous êtes levée en disant : « Très bien, Jerry, tu t'occupes de Meredith, de son bassin, de ses coliques, de tout ça. » Et Jerry a compris tout ce que vous faisiez pendant la semaine. Parce qu'il ne vous avait pas près de lui, comme d'habitude aux week-ends. Il ne pouvait pas dire : « Bien, occupe-toi du bassin, et j'irai griller une cigarette. » C'est facile de prendre soin d'elle pendant une heure, tandis que vous êtes allée laver son linge, mais si elle s'est levée cinquante fois dans la nuit et s'est servie du bassin toutes les dix minutes ? Il s'est mieux rendu compte. Et le dimanche il était prêt à partir. Je lui ai dit : « Jerry, vous partirez à 7 heures ce soir ? » Et il a répondu : « Non, je pense qu'il vaut mieux que je prenne l'avion de 3 heures. » Il en avait assez comme ça. Et il me dit : « N., je ne peux pas porter ce bassin aux toilettes sans y aller moi-même, j'ai des haut-le-cœur pendant tout le trajet. » Ainsi, les pères viennent les jours où l'activité est réduite. Et ils ne se représentent pas ce que c'est, tant qu'ils ne restent pas ici à demeure.

Certains enfants réagissent avec beaucoup d'émotion. Certains témoignent de beaucoup de rancune. Il y a des parents qui font croire au gosse que tout est de sa faute. La mère de John en est un exemple. Elle lui a créé des difficultés affectives très grandes alors qu'il était amputé, à un âge très impressionnable (13 ans). En plus du fait qu'il n'était plus physiquement comme les autres, elle ne cessait de lui dire qu'il était empoté, bon à rien. Alors il était révolté contre l'équipe soignante, contre les gens en général. Et il a fallu travailler longtemps avec lui pour vaincre ce que ses parents lui avaient insinué : qu'il n'était pas normal, qu'il allait mourir, et qu'ils perdaient leur temps en essayant de prolonger sa vie. On n'imaginerait pas que cela se trouve, dans une situation pareille, mais cela existe.

Certains parents ont d'autres problèmes qui s'ajoutent à la maladie de l'enfant. Cette maladie n'a fait que compliquer les choses. Les parents ont une réaction de recul, et par suite l'enfant l'a aussi.

Ou encore, on s'aperçoit que tout ce qu'il faut aux parents, c'est quelqu'un sur qui s'appuyer, quelqu'un qui s'intéresse à ce qui se passe, quelqu'un à qui parler. Dans ce service, c'est ce qui manque le plus : quelqu'un à qui parler. Les aumôniers ? ils se tordent les mains et cherchent vainement quelque chose à dire. Et le personnel ? il n'est pas assez nombreux ; trop occupé pour parler. Et le service social ? il suffit à peine à sa tâche. Entre mères, un lien se crée, parce que vous êtes toutes dans le même bateau, et pourtant vous êtes toutes à chercher quelqu'un à qui parler en dehors du service. La maman de Bob elle-même a eu besoin de quelqu'un, qui l'aiderait à comprendre ce qu'avaient dit les médecins, à prendre des décisions, à admettre l'idée que Bob allait mourir.

Beaucoup de mères ont un grand besoin d'être aimées. Toutes les mères aiment leurs enfants, mais dans cet hôpital, l'ambiance d'affection qui règne, l'amour, le dévouement de ces mères envers leurs enfants, c'est magnifique. C'est enrichissant pour les mères. Et pour les enfants.

COMMENT SE DÉCIDER POUR UN TRAITEMENT

Les risques à courir, les décisions à prendre font partie du combat quotidien à mener quand un enfant est atteint d'une maladie comme le cancer. Il peut s'agir de décisions relativement mineures : peut-on, étant donné sa numération globulaire, l'exposer à se faire heurter dans une foule ou dans une cour de récréation ? Ou de décisions graves : faut-il ou non arrêter le traitement à un certain moment, s'il ne reste plus guère d'espoir et si ses effets secondaires semblent pires que la mort ? Dans un service hospitalier où les parents participent aux soins, la mère — ou le père, et parfois l'enfant — sont souvent impliqués, de façon ou d'autre, dans la prise de décision. Évidemment, certains sont plus que d'autres capables de comprendre les considérations techniques ou de prendre une décision. Le système n'est pas parfait, mais pour tous c'est un grand réconfort que d'être informés et aidés à mieux comprendre, même s'il leur faut rappeler aux médecins qu'ils désirent être informés et aidés !

M. — Les risques... je me souviens qu'au moment de Noël, on avait remis Meredith au traitement par prednisone [1] et vincristine [1], qui ne lui avait fait aucun bien. J'étais furieuse. Je bouillais, c'est simple ! Je me disais : la ponction de moelle a donné de mauvais résultats, ce ne sera pas

1. *Prednisone*: hormone ; *vincristine*: alcaloïde ; utilisés dans le traitement de certains types de leucémie. *N.d.T.*

mieux avec quelque chose qui n'a jamais réussi auparavant. Et, je m'en souviens, je me sentais si négligée, si abandonnée ! J'avais demandé une consultation. J'avais presque claqué la porte au nez de la doctoresse, je vous l'ai dit, je l'ai dit à des tas de gens importants, à tous ceux que je réussissais à accrocher : je veux une consultation.

Et je comprends que la doctoresse se demandait : quoi faire ? Elle savait ce que j'allais dire, j'en suis sûre. Je n'étais pas la mère la plus facile. Mais j'étais persuadée que ce n'était plus une vie. Et je lui ai dit que Jerry était du même avis que moi. Essayons encore quelque chose d'énergique, et si nous sommes arrivés au moment où il n'y a plus rien à essayer, alors je ne veux pas que l'épreuve se prolonge pour Meredith.

Je me rends compte, à présent, que tout le monde dit cela. On quitte l'hôpital en disant : « Eh bien ! nous mourrons dans la dignité, nous supporterons cela ensemble... » Et à la première fièvre on retourne aussi vite que possible à l'hôpital, bourré de culpabilité, etc. J'étais contente que nous n'ayons pas eu à passer par là... Je ne regrette rien.

C. — Oh ! non.

M. — Jamais.

C. — J'étais récemment à un séminaire sur « la personne ». Toutes les femmes du groupe revenaient toujours à la question : a-t-on le droit de tuer un fœtus ? Et tous les hommes en revenaient aux aspects théoriques et philosophiques de la question. Nous répétions que cela laisse les femmes au même point, avec le fardeau à porter seules (au sens littéral). Autre chose qui est arrivé cette semaine : j'ai entendu un médecin d'ici (mais qui n'est pas en pédiatrie) parler d'un enfant que sa mère avait refusé de laisser soigner. L'assistante sociale pour l'enfance m'a dit qu'on allait porter cette affaire en justice. Ce médecin était furieux que l'assistante sociale lui ait demandé d'apporter son témoignage. Et il m'a dit que nous n'avions pas à faire pression. J'ai répondu : « Nous ne faisons pas pression, ce n'est pas notre travail. Mais notre travail, si nous sommes convaincus qu'un traitement sera bon pour un enfant, est d'en informer les gens dont le travail est de porter l'affaire en justice. » Il continua à dire que les parents avaient le droit de refuser un traitement. Et je me suis demandé : est-ce bien vrai ? Souvent le tribunal ne pense pas ainsi, c'est évident. Vous savez, des interventions comme les transfusions sont parfois ordonnées par les juges, même si cela s'oppose aux convictions religieuses des parents — alors que la liberté religieuse est un des droits les plus sacrés de notre Constitution et de nos lois.

A-t-on le droit de tuer un fœtus ? A-t-on le droit, non certes de tuer un enfant, mais de refuser délibérément un traitement quand on vous a dit qu'il réussirait dans une certaine mesure ? Je ne parle pas du tout du dernier stade de la maladie, où la plupart des médecins laissent la décision à la famille...

M. — Sur le moment d'arrêter le traitement ?

C. — Oui, sur le moment d'arrêter, bien que la question soit épineuse. Vraiment épineuse, difficile. La réponse dépend tellement de la personnalité du médecin, et de la personnalité des parents. Mais je pense à un choix délibéré de ne plus avoir de traitement du tout (il s'agit d'un traitement de rayons) dont j'ai été témoin...

M. — Je pense qu'on pourrait soutenir qu'il s'agit d'un malade à toute extrémité, et que ce serait un argument légal : on a fait tout ce qui était possible, et l'on en arrive au terme de la vie. C'est une question de stade de la maladie.

C. — Non, je ne pense pas que vous puissiez dire cela.

M. — Pourquoi ? Vous pensez qu'il y a toujours de l'espoir ?

C. — Oui, je pense qu'il y a toujours de l'espoir.

M. — Eh bien, je serais assez d'accord avec vous en ce qui me concerne mais je pense à quelqu'un... Je sais que quand Meredith est tombée malade, ma première réaction a été : « Mon Dieu, si elle doit mourir, que ce soit rapide ! » Et puis, naturellement, plus la situation se prolonge, plus on se cramponne à l'espoir, plus on refuse...

C. — Bien sûr.

M. — Et plus on se dit que non, ça ne va pas nous arriver, tout va s'arranger, nous allons passer par ces épreuves-là, mais nous continuerons à vivre... ce qui n'est pas vrai dans la plupart des cas.

C. — Ce que vous dites là est peut-être un argument pour qu'il n'y ait pas de traitement du tout.

M. — Dans l'abstrait. Mais seulement dans l'abstrait, parce que là-dessus j'ai une morale très contraignante. Mais ça se trouve.

C. — Pour moi, c'est toujours une des grandes difficultés de la pédiatrie. J'ai toujours eu la conviction très ferme que, dans un cas comme une amputation, par exemple, je pourrais parfaitement décider en ce qui me concerne, choisir entre un traitement ou pas de traitement, une amputation ou pas d'amputation (qu'il s'agisse d'une intervention mutilante quelconque). Mais s'il s'agit de quelqu'un d'autre, s'il faut décider à propos d'un enfant, c'est tout différent. Je pense que les gens ont le droit de décider pour eux-mêmes. Mais je ne sais pas trop si j'ai le droit de décider d'un traitement pour mon mari. Ou mon enfant. Bien sûr, on ne peut pas demander l'avis d'un enfant de l'âge de Meredith. Et aucun enfant sain d'esprit n'accepterait d'être handicapé, ne voudrait qu'on lui coupe la jambe.

Je peux comprendre que quelqu'un, après avoir reçu toute l'information nécessaire, dise : « Je choisis. » Si j'avais un ostéosarcome [1], je ne crois pas que je me ferais amputer, mais si cela arrivait à l'un de mes enfants, il est vraisemblable que je choisirais pour lui l'amputation. Cela peut ne pas sembler très cohérent. Mais je voudrais espérer encore qu'il sera un des 10 % qui s'en sortent — à ce qu'on dit... moi, je n'en ai jamais vu. Et après avoir été mutilé, on meurt dans de si tristes conditions. Je pense que moi, sachant ce que je sais à présent, j'aimerais mieux mourir tout de suite. Et pourtant je ne crois pas que je pourrais dire : « S'il y a seulement une chance, je la refuse pour mon enfant. » Est-ce que cela vous semble bien raisonnable ?

1. *Ostéosarcome* : tumeur maligne du tissu osseux. *N.d.T.*

M. — Oui, je comprends votre sentiment, mais c'est un double standard.

C. — Bien sûr. En effet, qui a le droit de décider de la vie de quelqu'un d'autre ?

M. — Et vous pouvez soutenir, à l'opposé : « Je ne veux pas supporter cela, mais j'accepte d'y exposer mon enfant. » Je pense que tous les parents ont la même crainte.
Vous savez, j'ai été contente... les gens ont été étonnés de notre réaction au moment de la mort de Meredith,... mais sincèrement je dois dire que j'ai été contente que cela se soit passé ainsi. J'ai été contente que ce soit rapide, et que je n'ai pas eu à prendre de grandes décisions. La seule personne qui soit venue près de moi à ce moment-là n'était pas un membre du personnel, c'était mon père, qui est médecin. Il a veillé avec moi la dernière nuit. Nous étions à peu près sûrs que c'était la dernière nuit. Il m'a demandé si je voulais employer les « moyens héroïques ». Je lui ai demandé ce qu'il voulait dire, il m'a répondu : « La réanimation. » Et j'ai dit que non. Il a été content, il voulait le dire, mais il préférait que cela soit dit par nous. Et après l'autopsie provisoire, j'ai été contente que nous ne l'ayons pas tentée.

Mais enfin, je ne sais pas, je crois que sur cette question de l'arrêt du traitement, les parents passent par des sentiments divers. Je me suis toujours demandé : si à un certain moment j'étais allée trouver un médecin pour lui dire : « Qu'est-ce que je fais à présent ? », quelle aide aurais-je reçue ? Est-ce qu'il m'aurait répondu : « A mon avis professionnel, on peut faire ceci ou cela, et statistiquement voilà les résultats que l'on peut en attendre » ? Ce sont des foutaises, ça ne signifie rien du tout.

Et comment les membres du personnel, ici, aident-ils les parents à avoir des jugements de valeur dans des domaines où eux, les parents, n'ont aucune connaissance technique ? A quoi nous servent-ils ? Vous, que faites-vous ? J'ai toujours pensé que c'était un des aspects les plus difficiles de ce travail.

C. — Effectivement. Sans doute parce que le personnel est

tout aussi ignorant à bien des égards que le père ou la mère, et qu'il ne connaît pas mieux ce qu'est tel enfant particulier. Le mieux qu'ils puissent faire, c'est d'émettre une hypothèse savante. Vous savez, j'ai assisté à beaucoup de consultations entre médecins, je sais que l'un d'eux dira : « Ah ! celui-ci, il ne va pas s'en tirer, et celui-là il vivra un peu plus longtemps... », mais est-ce que c'est vivre ? je ne trouve pas.

Je pense que cela dépend beaucoup de la personne à qui vous vous adressez. Oh ! j'ai connu plusieurs médecins qui ont été très secourables, et l'un d'eux a même encouragé les parents à interrompre le traitement. J'en ai connu d'autres qui voulaient réanimer, alors que tous les autres membres du personnel disaient : « Mais enfin, pourquoi ? »

On en revient aux jugements de valeur individuels. Mais enfin il y a eu des situations où l'on avait décidé en groupe : « Nous ne tenterons plus rien ». Et l'on arrêtait tous les efforts. Quand un enfant n'a vraiment plus aucune réserve en lui.

M. — Est-ce qu'ils en parlent avec les parents ? Ou bien, est-ce que simplement ils cessent d'intervenir pour prolonger inutilement... ?

C. — Très souvent, ils arrêtent simplement. Et j'ai souvent conseillé aux parents d'aller parler au médecin. C'est tout à fait individuel. Certains parents le font quand je le leur dis. D'autres en prennent l'initiative.

PARLER DE LA MORT

C. — C'est comme le jour où vous avez parlé avec moi des obsèques, de dispositions à prendre, de ce que vous faisiez.

M. — Oui, il fallait que je sache. (Au début de la période de rechute, septembre 1972.)

C. — Et beaucoup de mères demandent : « Qu'est-ce que je vais faire si je suis seule ici quand ça arrivera ? » Alors je me sens libre de leur en parler. Je ne crois pas possible d'en parler avec une personne si elle ne prend pas l'initiative. Jusqu'à ce qu'elles soient prêtes à en parler elles-mêmes, elles ne m'entendront pas.

M. — Je pense que vous avez tout à fait raison... Moi, vous savez, je m'ouvre si facilement, si franchement de mes sentiments à l'égard de Meredith et de sa mort. Surtout avec certaines des mères qui sont ici. Mary et moi, en particulier, nous avons parlé de beaucoup de choses, et cela nous a fait avancer, et j'ai été bien aidée aussi par d'autres mères. Mais voilà ce que j'avais commencé à vous dire : je lui avais envoyé un article, j'ai dû vous l'envoyer aussi, cela s'appelait : « Marchez dans le monde pour moi » (il s'agissait d'un petit garçon leucémique) que j'avais beaucoup aimé. Je l'avais envoyé à tout hasard, mais elle aussi a trouvé cela très beau. Plusieurs personnes l'ont lu et l'ont fait lire. Une infirmière a suggéré à Mary de le passer à une autre mère, je ne sais pas qui, et celle-ci après l'avoir lu a dit à Mary : « Je n'ai jamais rien lu de plus affreux. » Elle n'était pas prête à parler de ça.

C. — Assurément.

M. — On ne sait jamais à quel moment on peut entamer avec quelqu'un une conversation sur ces sujets-là.

Parler de la mort avec les médecins était, à bien des égards, beaucoup plus difficile que d'en parler avec les autres mères. Certaines études faites sur le monde médical ont révélé que l'on choisit souvent cette profession parce qu'on a extrêmement peur de la mort et que la médecine s'efforce de vaincre la mort.

Pendant la maladie de Meredith et la mienne, nous avons vu quantité de médecins, dont chacun avait son comportement propre à l'égard de la menace de mort. L'un d'eux, que j'admire beaucoup et qui nous a donné, plus que n'importe qui probablement, la force et la possibilité d'envisager franchement la leucémie de Meredith, était celui qui, à mon avis, était le moins capable de regarder la mort en face.

Une jeune interne s'est révélée comme la plus secourable du personnel soignant. C'est elle qui nous a persuadés de dire à Meredith le nom de sa maladie, en quoi elle consistait et comment on pouvait la combattre. Plus tard, elle nous a aidés à saisir l'occasion la moins inquiétante de parler à Meredith de la mort d'une de ses petites amies. Elle était toujours la seule à s'apercevoir que nous avions besoin de nous exprimer quand l'émotion était trop forte. Et elle était toujours disposée à parler avec nous, même si elle n'avait pas toutes les réponses.

Une autre, parmi les médecins que nous préférions dans le Texas, était toujours très accueillante à ce dont nous avions besoin, mais seulement quand nous allions la voir pour le lui exposer en bonne et due forme.

Une autre encore semblait ravie de donner aux parents de mauvaises nouvelles. Elle a toujours été très gentille pour nous, et je ne comprends vraiment pas pourquoi, car je l'avais vu s'exprimer brutalement devant d'autres parents. Je pensais que ce serait un jour notre tour d'être traités ainsi, mais ce jour n'est jamais venu.

Mon médecin traitant, qui a des antennes tellement sensibles qu'il capte autour de lui les indices les plus subtils et y réagit, se ferme aussitôt qu'il est question de la mort. Quand j'ai été hospitalisée et qu'on a rempli ma chambre de fleurs, je lui ai dit en plaisantant : « On dirait que je suis déjà morte. » D'un air très sérieux, il me répondit : « Mais non ! Les fleurs sont un symptôme de vie. » Et il a fait d'autres remarques analogues.

Une autre fois, comme je disais que la sclérose multiple est une maladie qui ne pardonne pas, il m'a laissé entendre qu il n'était pas de cet avis. « Une maladie qui peut entraîner la mort ? » lui ai-je demandé. « Non. — Une maladie qui peut rendre infirme ? — D'accord. »

Peut-être que nous, les patients, nous attendons trop des médecins. Nous les divinisons, nous attendons qu'ils diagnostiquent et guérissent le moindre bobo, nous ne leur accordons guère le droit à l'erreur et pas du tout l'indulgence. Je reconnais ma propre impatience dans les commentaires qui suivent. Et les relisant, je les ai trouvés un peu durs, mais ce sont les sentiments que j'avais six mois après la mort de Meredith. Je me hâte d'ajouter que j'ai la plus grande considération pour tous les médecins mentionnés, et, à l'époque, ce que je critiquais en eux c'était surtout leur façon de se comporter devant la mort. Aujourd'hui, je veux bien accepter chez un médecin toutes les faiblesses humaines, excepté le refus complet de parler, ou le mensonge délibéré.

C. — Le Dr S. en particulier est une femme qui écoute volontiers les indications des parents. Cela ne veut pas dire, à mon avis, qu'elle ne sache pas que son avis, médicalement parlant, est le meilleur. Mais c'est sa façon d'être, si elle voit que les parents sont vraiment convaincus de quelque chose. Par exemple, elle consent facilement à laisser les gens retourner chez eux s'ils en ont vraiment envie. Beaucoup plus que, disons, le Dr W. Ils ont un comportement très différent.

M. — J'aime vraiment beaucoup le Dr W., mais je crois qu'il avait une telle peur de la mort ! Il m'a dit cela dans un cri : « J'ai peur ! »

C. — C'est vrai, c'est vrai. Et il ne pouvait pas abandonner la lutte. Au-delà du moment où, pour nous tous, cette lutte n'a plus de sens. Et au moment où les gens, vraiment, lui disent de les laisser s'en aller. Bien souvent c'est évident, ou cela me semble évident, que les gens sont vraiment prêts. Les parents sont prêts à voir mourir l'enfant. L'enfant est prêt à mourir. Et je pense que si l'on agit pour prolonger la vie davantage, c'est pour tout le monde une torture inutile.

C'est cela que personnellement j'ai toujours trouvé difficile en lui. Parce qu'il y a, dans sa conception des soins, beaucoup de choses que j'ai appréciées.

M. — Oh ! moi aussi.

C. — Je le sais bien. Mais il y avait cela, cette impossibilité à envisager le fait que l'enfant est mourant. Et cela, je m'en suis souvent aperçue, empêchait la proximité qui peut s'établir quand on envisage vraiment que l'on peut perdre — car on sait bien que l'on peut perdre. Et si vous dites que vous ne le voulez pas, que vous ne le pouvez pas, ce n'est qu'une dénégation, comme vous le disiez. Il n'y a rien de constructif dans cette attitude.

M. — Je pense comme vous. Vous savez, j'ai vu son hôpital (celui du Dr W., récemment ouvert). C'est un très bel hôpital. Et sur le moment j'ai pensé qu'il eût mieux valu que je ne l'aie pas visité. Il m'a fallu faire un choix, quand, quelques jours après notre retour à la maison, Meredith a eu une rechute. Et nous avons choisi de revenir ici, à Houston. En partie, je crois, pour résister à l'influence de la personnalité du Dr W. que j'aime bien pourtant. Et j'ai admiré son hôpital, mais j'ai pensé à ce qui pouvait arriver à Meredith, et je me suis dit qu'elle serait mieux ailleurs que là. Et moi aussi ! Quand j'ai envisagé les choses ainsi, cela a été très différent. Et ce n'est pas du tout pour le rabaisser, je pense vraiment qu'il a mis en route un très bon établissement, et qui deviendra encore meilleur, qui vous dépassera, vous autres. Mais à l'époque c'est ce que j'ai senti.

Vous savez, le jour de notre arrivée à Houston, il assistait à une réunion, et quelqu'un me répétait : « Oh ! attendez de voir le Dr W., il est tellement optimiste, il vous réconfortera. » Oui, certes. Après avoir parlé avec lui je me sentais des ailes. Mais cinq minutes après j'étais à ramasser à la petite cuiller. Et j'ai pensé que c'était du vent, pas beaucoup plus.

C. — Hum ! c'est vrai.

M. — Je fais allusion à ce grand conflit dans sa personnalité. Il a peur d'admettre que cet enfant va mourir. Mais il reste debout au pied du lit et signale tout ce qui est alarmant.

C. — Oui, tout, tous les détails. Comme si le tableau d'ensemble...

M. — Comme si tout allait s'arranger. Et je l'ai entendu si souvent dire : « Eh bien ! si ça ne réussit pas, nous essaierons autre chose. » C'était son refrain.

C. — Absolument.

M. — Et je sais qu'une fois où l'enfant était à la mort, où les parents avaient fait arrêter le traitement, où il n'y avait absolument plus aucun espoir, il est simplement entré dans la chambre pour dire : « Voilà, je vais à une réunion, peut-être serez-vous encore là quand je reviendrai... » et il est sorti. Et j'ai pensé, je regrette, mais j'ai pensé que c'était une déception, étant donné les promesses précédentes. J'ai senti que ce n'était pas leur apporter un grand soutien. Est-ce que c'est logique ?

C. — Ou...i.

M. — Et quand j'ai été avec le Dr S. pour cette dernière consultation, j'ai dit : « Alors, où en sommes-nous ? » Et elle a dit : « Eh bien ! la situation n'est pas très bonne, mais elle n'est pas tout à fait sans espoir. » Tandis que le Dr W. disait toujours : « Eh bien ! nous allons essayer autre chose. » Le Dr S...., je l'ai critiquée pour son attitude distante, mais réellement, nous pouvons parler. Ce qui est difficile c'est de la joindre. Je ne sais pas comment elle fait pour faire tout ce qu'elle fait.

C. — Ce qui est difficile, ce n'est pas seulement de la joindre, c'est de la *rejoindre*, c'est-à-dire d'arriver à ce qu'elle vous écoute vraiment. Si vous y arrivez... elle vous répondra, habituellement. Mais, pour bien des raisons je pense, elle a élevé une muraille presque impénétrable quelquefois. Et à moins de la harceler... les parents sont souvent rejetés. Si elle ne les informe pas spontanément, ils abandonnent. Personnellement, je n'imagine pas ça. Voyez vous-même : on veut abattre cette porte, on veut savoir... Je ne l'ai connue que pendant le temps où le Dr W. était ici, mais je pense que sa façon à lui était tellement différente que, par réaction, elle se refusait absolument à donner de faux espoirs. Et comme elle ne voulait pas vous donner de mauvaises nouvelles, parfois elle ne vous disait absolument rien. Et elle laissait dans l'incertitude, elle vous laissait vous demander : « Mon Dieu, qu'est-ce qui se passe ? »

M. — On n'est pas du tout d'accord là-dessus dans le service.

C. — Bien sûr.

M. — Avec les parents qui viennent d'arriver, ce n'est pas pareil, ils n'ont pas connu autre chose. A mesure que les anciens s'en vont et que de nouveaux arrivent, il y a moins de plaintes. Mais cet automne, il fallait nous entendre rouspéter, nous, le groupe des mères qui avaient déjà été là ! Nous étions furieuses !

C. — Naturellement, je peux sympathiser avec les médecins. Ils reçoivent une formation dans l'esprit d'une victoire sur la mort. Et à certains, comme le Dr W., la pratique n'apprend rien, malheureusement. Et j'ai parfois ce sentiment moi-même, bien que je sache que c'est idiot. Je vois un petit gosse entrer à l'hôpital, et je me sens en colère. En colère contre la maladie, et contre lui. Sûrement, cela fait l'effet d'une défaite, quand un enfant meurt, et on ne peut s'empêcher de se sentir frustré.

Les derniers jours de la vie de Meredith, les médecins devinrent encore plus prévenants.

M. — Je crois que quand Meredith est entrée dans le coma, ce matin-là, je ne me rendais pas bien compte de ce que c'était. Je le savais sans le savoir. Et quand les médecins ont fait leurs tournées ce matin-là, cela fut si évident ! ils sont allés jusqu'à la moitié du couloir, nous ont évitées, ont fait un zigzag pour revenir en arrière, ce n'était pas leur trajet normal. Ils étaient tout un groupe.

Et Mrs B. a pleuré et m'a dit : « Cela me fait tant de peine ! » et elle m'a entourée de son bras. Je ne comprends pas comment j'ai pu être si calme à ce moment, j'ai dit simplement : « Je ne veux pas qu'elle continue à souffrir. »

L'infirmière-chef a pleuré, et elle est partie. Et le Dr S. a expliqué en termes techniques ce qui était arrivé. Et on n'a rien dit de plus jusqu'à ce soir-là. Le Dr M. est venue alors et m'a demandé depuis quand elle était dans le coma. J'ai dit : « Depuis ce matin. » Et elle n'a pas été comme d'habitude prophète de malheur. Elle s'est détournée et elle est partie. Et elle a dit à B. (une infirmière) — peut-être l'avez-vous entendu ? —, elle a dit : « C'est fini. Cette nuit sera la dernière nuit. » Et mon père a dit la même chose.

N. — Oui, j'étais retournée dehors, dans le vestibule, les deux infirmières B. et Y. étaient là aussi. Le Dr M. m'a attirée par le col de ma veste, sans la moindre diplomatie, et m'a demandé où j'allais, et m'a dit de ne pas m'en aller et que Meredith allait mourir. Et tout de suite B. et Y. se sont approchées et m'ont dit que le Dr M., c'était connu, se trompait parfois.

Et à ce moment-là, le Dr M. a tenu à ce que je vous le dise, c'est pourquoi je vous ai demandé de venir sur le palier (le seul endroit où l'on pouvait se parler en particulier).

M. — Elle vous a chargée de me le dire ? Pourquoi ne me l'a-t-elle pas dit elle-même ? Elle n'a jamais hésité à le dire à quelqu'un d'autre, certainement.

N. — Je ne sais pas.

M. — Elle a dit des choses assez brutales à certains parents. Mais jamais à moi.

N. — Eh bien ! oui, elle m'a demandé de vous le dire.

M. — Je me rappelle aussi... Avez-vous connu Susan, une adolescente qui a été notre compagne de chambre quelque temps ? Elle avait des tumeurs. C'était une gentille enfant. Elle avait beaucoup de mal à supporter la vincristine, elle ne marchait qu'en s'appuyant au mur. Quand elle est revenue pour la seconde fois, elle avait des tumeurs partout. Le Dr X. l'a prise à part et lui a dit... elle avait quatorze ou quinze ans... il lui a dit qu'elle allait mourir. Et j'ai pensé que, vraiment, c'était très bien qu'il l'ait fait.

On ne peut pas le dire à un enfant de six ans, bien sûr. Mais on peut avertir ses parents. Et j'étais fâchée que cela n'ait pas été fait à temps. Je savais ce qui se passait, et pourtant à un certain niveau je ne voulais pas l'admettre.

Je me souviens du lendemain du jour où Meredith en est arrivée à une situation critique. J'ai été chercher mon père à l'aérogare, je revenais, je suis allée dans le vestibule pour prendre un café, et le Dr R. m'a appelée de la salle de traitement et m'a dit : « Mrs Elliott, est-ce que quelqu'un vous a jamais expliqué ce que c'est qu'une situation critique ? » J'ai dit : « J'en ai bien une idée, mais non, jamais quelqu'un n'a pris le temps de me l'expliquer. » Il était ému, il m'a dit : « Eh bien ! on aurait dû vous dire exactement ce que cela signifie. Elle est sur le point de mourir. » Il a été très bon, mais aussi très précis. Il m'a dit tout ce qui n'allait pas. Nous nous sommes assis et nous avons parlé de sa mort et des possibilités de survie,... parce que je redoutais beaucoup, si elle survivait, qu'elle ait des troubles cérébraux.

Mais je pensais : pourquoi quelqu'un ne me l'a-t-il pas dit ? Cela n'aurait eu aucun inconvénient qu'on me le dise, vraiment.

PRESSENTIMENT DE LA MORT CHEZ L'ENFANT

M. — Cela a été pour nous particulièrement pénible, au cours de la maladie de Meredith, non qu'elle se soit rendu compte de la gravité de sa leucémie, mais qu'elle ne nous ait pas toujours parlé de ses inquiétudes. Cela me faisait mal. Il me semblait que nous avions échoué à l'aider à vaincre sa crainte de la mort. De façon ou d'autre, un « grand ami » entrait toujours, comme s'il l'avait deviné, pour nous empêcher d'aborder les questions sérieuses. Ou bien c'était une baby-sitter, ou quelqu'un d'autre...

N. — Un jour, pendant la première hospitalisation de Meredith, nous avons soulevé la question de qui vit et qui meurt. Huit jours après, elle m'a demandé ce que je faisais l'après-midi, vous alliez chercher Jerry à l'aéroport et elle ne voulait pas rester seule. J'ai dit que je resterais. Elle a commencé à me bombarder de questions. Tout ce qu'elle avait emmagasiné pendant la semaine, sans en parler.

Ainsi, elle voulait savoir s'il n'y avait que les vieilles personnes qui mouraient. Nous avons parlé du cycle de la vie. J'ai pris l'exemple de la rose : elle sort du bouton, devient une fleur épanouie, c'est très beau, et ça fait grand plaisir aux gens qui aiment les fleurs. Et finalement la rose perd ses pétales et ses feuilles: elle meurt.

Elle est revenue à la question : « Est-ce que les gens vivent toute une vie, et puis meurent, quand ils sont vieux ? »

vieux ? » Nous sommes reparties du point de départ... J'ai dit que quelquefois des insectes viennent détruire la fleur avant qu'elle ait parcouru tout son cycle de vie. Et c'est à peu près ce qui arrive quand un enfant est malade.

Elle a dit : « Ah bien ! alors les enfants meurent. » J'ai répondu : « Écoute, quand on voit des insectes se poser sur une fleur, qu'est-ce qu'on fait ? On vaporise un produit pour tuer les insectes. Et quelquefois on ne l'a pas fait à temps et la fleur meurt. Mais si on s'y est pris à temps, la fleur sera de nouveau en bon état et elle pourra avoir sa vie normale. »

Elle a eu encore d'autres questions, mais elle a tourné tout ça dans sa tête : il y a des choses qui meurent, d'autres qui ne meurent pas, et on n'a pas besoin d'être vieux pour mourir.

Quand on s'occupe d'un enfant, s'il ne peut pas comprendre la vie et la mort, il peut comprendre une analogie, comme celle de la rose. Et j'étais quelqu'un en uniforme blanc, et je savais ce qu'était la leucémie ; et d'autre part, jamais je ne lui avais fait une piqûre ou autre chose de douloureux, comme les infirmières et les médecins, et je ne l'inquiétais pas.

M. — Bien, c'était sur la mort en général... Elle et moi nous en avons parlé, d'abord quand deux de ses amies sont mortes il y a un an, et puis pendant un temps on n'en a plus parlé parce qu'elle se portait bien et que (rarement) ça n'était plus une menace... puis en avril quand je suis tombée malade... j'ai subi les mêmes examens qu'elle et ça l'a beaucoup impressionnée. Quand j'ai eu les résultats des examens, et que je lui ai dit que j'avais cette maladie, la sclérose multiple, et que je n'en guérirais pas, j'ai essayé de lui montrer les ressemblances des deux maladies : certes, elles ne sont pas semblables, mais je l'aurais toute ma vie et un jour elle pourrait me faire mourir.

Alors nous avons parlé du délai de temps. Et je crois que je l'ai finalement persuadée que c'était dans beaucoup d'années. Je lui ai dit de penser que si ma mère mourait aujourd'hui, alors que je suis tout à fait une grande personne, je serais triste, mais je n'ai plus besoin de ma mère pour s'occuper de moi. Si elle était morte quand j'étais petite et que j'avais tout le temps besoin d'elle, ç'aurait été tout différent. Elle l'a compris. Et elle a eu une réaction très curieuse. Elle pensait que ce serait épatant si nous étions malades ensemble, si nous avions ensemble des rechutes et des rémissions. Et je pense qu'elle avait compris la notion du temps en ce sens que cela ne lui ferait rien tant qu'elle était protégée par moi.

N. — Elle ne m'a parlé qu'une fois de ce qu'elle pensait de votre maladie... Cela ne semblait pas lui causer de grands problèmes, des inquiétudes à l'idée qu'elle pourrait avoir besoin de vous et que vous ne seriez pas là.

M. — C'est l'unique chose que je lui avais promise : que je serais là. Je me suis souvent demandé si cela l'avait effrayée, que je n'aie pu lui promettre que cela. Peut-être que les gosses ont besoin de plus de sécurité que cela.

N. — Elle ne vous a jamais parlé de la séparation ?

M. — Je me dis quelquefois qu'elle pensait que j'allais être très dépendante de... Il n'en faut pas beaucoup pour vous rendre dépendante... C'est ce qu'il y a de plus lourd pour une mère qui donne les soins à son enfant, la dépendance. Les gosses s'habituent à avoir maman tout le temps là. Si je quittais la chambre, elle se mettait en colère. Je me suis demandé si, quand j'allais à des réunions de parents ou que je traversais la rue pour acheter quelque chose à manger, elle croyait que je l'abandonnais.

N. — J'ai ma petite idée là-dessus... mais les mères ont tendance à se mettre en quatre pour l'enfant, alors il trouve que si elles sortent fumer une cigarette ou préparer le dîner, elles mettent trop longtemps. Et c'est un moyen qu'à l'enfant de se défouler, d'exprimer sa mauvaise humeur.

Je ne crois pas qu'à aucun moment de sa maladie Meredith se soit sentie abandonnée. Les réunions de parents, c'était une occasion pour l'enfant de ronchonner. Cela n'arrivait pas seulement à Meredith, c'était courant, dans ce service, pour toutes les mères. Vous savez, les adultes aiment que tout soit dit de façon explicite. Les enfants comme Meredith en disent beaucoup plus, par l'observation et l'écoute. Recevez d'eux tout ce qu'ils veulent donner et ils donneront beaucoup, d'une façon dont les adultes ne s'aperçoivent pas. Bien des gens laissent échapper cela. Au cours de ces deux années, ce qu'elle vous disait, c'est ce que cela lui faisait éprouver, d'avoir le cancer ou la leucémie.

En réalité, elle a exprimé ses craintes, son anxiété, ses espoirs. Et elle nous a montré qu'elle était courageuse, et qu'elle n'appréciait pas toujours la façon dont les choses se passaient. Car elle n'était qu'une petite fille, et elle n'avait pas droit à la parole. Elle ne pouvait pas dire si oui ou non elle voulait suivre ce traitement. Pas le droit légal.

Tous ces enfants savent bien ce qui se passe en eux, car cela se sent. Comme vous, avant même le diagnostic, vous saviez que vous aviez la sclérose multiple. A Noël je savais que quelque chose n'allait pas dans ma jambe... On sent cela à l'intérieur de soi, et les enfants le sentent mieux que les adultes, parce qu'ils n'ont pas comme eux l'habitude de refouler ce qu'ils éprouvent.

Certains observateurs disent que, lorsqu'on est près de mourir, il y a un avertissement intérieur. Meredith savait mais elle a continué à me protéger. Au cours des cinq premiers mois qui ont suivi sa rechute, elle m'a demandé de lui parler des obsèques, jusqu'à ce que nous ayons épuisé le sujet. Et puis, soudain, elle ne m'a plus posé de questions. C'est de son amie N. qu'elle attendait des réponses... Est-ce qu'on meurt seul ? Est-ce qu'on est habillé ? Qu'est-ce que c'est un enterrement ? Si je meurs, est-ce que tu viendras à mon enterrement ? Et elle m'a dit clairement ce qu'elle voulait, ce qu'elle porterait comme vêtements, ce qu'elle prendrait avec elle, et où elle voulait être enterrée (pas dans la terre, au-dessus).

M. — Comment Meredith vous a-t-elle fait comprendre qu'elle savait qu'elle allait mourir ?

N. — D'abord, il y a eu un certain nombre de changements

dans son attitude. Le plus frappant a été quand elle est revenue à Houston, après Noël. Elle savait bien ce qu'était la leucémie, le nombre de cas mortels, et pourtant elle voulait encore s'affirmer qu'elle en sortirait. Après Noël elle était plus défaitiste, elle pensait qu'elle ne quitterait jamais l'hôpital.

M. — Oui, cela a changé au moment de Noël. La ponction de moelle a donné un résultat anormal... Pour la première fois, elle a pleuré. A la maison, on a dit plus tard que c'est alors seulement qu'on s'est aperçu qu'elle était si malade. Et elle avait très peur. Elle m'a demandé si on pouvait mourir quand on n'avait pas de polys, je lui ai expliqué la différence entre n'avoir pas assez de polys et n'avoir pas assez de sang, comme lorsqu'on perd tout son sang par une blessure. Avant, elle avait manqué de polys et cela ne l'avait guère inquiétée. Cette fois elle disait qu'elle allait mourir.

N. — Je ne sais pas si quelque chose était arrivé à Wichita, ou si c'est le retour à Houston. La plupart du temps elle avait été à Houston en consultation externe. Rester constamment à l'hôpital a entraîné pour elle un changement d'attitude.

M. — De toute façon, on n'aime jamais aller à l'hôpital, mais quand on y est on n'a pas envie d'en sortir. On s'y sent plus en sécurité. La seule chose qu'elle m'ait dite, à part cette histoire de polys, c'est qu'elle avait la frousse, tout simplement.

N. — La dernière semaine, elle m'a avoué qu'elle avait peur de mourir. De mourir à l'hôpital. Elle vous a fait sortir de la chambre, elle voulait me dire tout ce que vous aviez mal fait ce jour-là, et pourquoi elle était si mécontente de vous. Rien n'était bien. Elle avait peur. Et elle voulait que je vous dise tout ce que vous aviez mal fait, pour vous punir d'être allée à la réunion de parents. Après m'avoir raconté tout ça, elle m'a dit qu'elle avait peur parce qu'elle allait mourir.

M. — Un peu avant... Pendant que nous attendions la consultation, nous étions déprimées, toutes les deux. Elle m'a demandé : « Si la ponction osseuse est mauvaise, est-ce qu'on peut mourir ? » J'ai répondu : « Oui, mais ça prend très longtemps. »

Je ne me souviens de rien qui ait pu changer son attitude à la fin, excepté cette mauvaise analyse de la moelle. Elle avait décidé qu'il y aurait un bon résultat. Peut-être qu'elle était simplement fatiguée. On lutte longtemps, et puis tout devient si décourageant... Et tout ce qui est arrivé vers la fin, comme la robe à smocks (cadeau de Noël de N.) : comment savait-elle qu'elle ne sortirait jamais de l'hôpital pour porter cette robe ? Oui, je me demande comment elle le savait.

Je me dis qu'elle a abandonné. S'accrocher, ça n'en valait vraiment pas la peine. Sa vie ne pouvait pas être normale. Pour elle ne pas être différente des autres, cela avait une importance incroyable. Comme dit Mary « la vie à l'hôpital, c'est dur mais on a la sécurité ». Mais dans son cas elle a à la maison plusieurs enfants en bonne santé, ils voudraient bien voir revenir Jim, mais il est heureux à l'hôpital, il ne peut pas être au niveau des autres.

N. — Je ne crois pas que Meredith ait jamais pensé qu'elle ne pouvait pas être au niveau des autres.

M. — Si, je crois qu'elle l'a pensé.

L'ÉQUIPE

Au début de la rémission de Meredith, notre jeune amie la psychologue, N., vint nous rendre visite. Plus tard elle reconnut que c'était en partie pour achever une recherche qu'elle poursuivait. Mais c'était aussi pour nous dire adieu.

M. — Je n'oublierai jamais cette visite. Vous avez été malade. Vous avez détérioré votre voiture. Il me fallait dire à Meredith que vous n'alliez pas bien, et je vous ai promis que je ne lui dirais pas pourquoi. Le retour à Dallas... C'était très pénible pour moi et j'étais fâchée contre vous.

N. — Votre réaction était normale, dans ces circonstances. Les mères sont toujours désireuses de protéger leur enfant.

M. — Eh bien ! ça a commencé comme ça. J'avais écrit tout mon petit discours. J'avais oublié ça. Je crois que le plus important qui en sortait, c'était ce que j'éprouvais à votre égard, et à l'égard du cancer. Peut-être que je faisais une projection. Mais jusqu'à présent j'avais oublié tout ce que je disais. Je disais : « Pourquoi êtes-vous venue ? » et vous disiez : « Parce que c'est la dernière fois. » Et ma réaction était : « Écartez-vous de ma gosse. Ne mourez pas ! Ne faites pas de peine à mon enfant ! »

Et je crois que j'ai réalisé pour la première fois... Oui, j'étais furieuse que vous soyez venue, vraiment, et encore plus avec toutes ces histoires,... et, oh ! parce que je ne vous connaissais pas très bien à ce moment, et un beau jour vous annoncez que vous arrivez et j'ai pensé : eh bien alors !

Et puis à la fin nous sommes revenues ensemble à Dallas avec votre voiture en mauvais état. Ces six heures de trajet ont été les plus tendues que j'ai vécues. Savoir que vous alliez mourir, et qu'au fond j'avais de l'amitié pour vous, et que vous n'étiez pas de ces gosses qui arrivaient tout le temps pour donner à Meredith des sucettes, malgré ma défense. Et moi, quand j'ai pris l'avion ce soir-là, j'ai pleuré tout le temps jusqu'au retour à Wichita. C'était un long vol. Et j'ai pleuré la moitié du lendemain. Et toute la semaine, j'ai été une vraie chiffe. J'ai vraiment eu du chagrin alors. C'était ma première expérience de chagrin, depuis le diagnostic de Meredith : un chagrin brutal, intense, très profond. Et je ne sais pas si je pleurais moitié sur vous, moitié sur elle, je sais seulement que j'avais du chagrin. Intensément. C'est à partir de ce matin, je m'en souviens, que nous nous sommes beaucoup affrontées.

N. — Nous nous sommes toujours beaucoup affrontées.

M. — Surtout entre ce jour d'octobre où vous étiez venue et où vous m'avez dit que vous *pouviez* mourir, et janvier à Houston où vous m'avez dit que vous étiez malade et que vous *alliez* mourir probablement. Et ce jour à l'aéroport...

Vous savez, le fait de la mort de Meredith, ce qui le rendait moins difficile à accepter c'est que nous avions du temps pour nous préparer, autant qu'on puisse se préparer. Et j'y étais prête, autant que je pouvais être prête. Et je pense que, les deux premières fois où vous m'avez dit que vous alliez mourir, je n'étais pas prête. Et je me disais que vous ne pouviez pas faire ça, ce n'était pas juste, je n'avais pas eu le temps.

Et ma première réaction... vous vous rappelez, le jour où vous êtes venue à l'hôpital entre Noël et le Jour de l'An, votre tumeur avait provoqué une hernie, et vous m'avez dit : « Eh bien ! voilà, ça pourrait bien être la fin, peut-être dans un mois », et j'ai réagi en disant : « Vous ne pouvez pas faire ça à mon enfant. Vous avez joué avec ses sentiments, vous lui avez pris son cœur. Et vous ne voulez pas que je lui dise la vérité sur votre état. » Je me suis dit : c'est dingue. Et je vous ai dit : « Ou vous lui en parlez vous-même, ou je le fais. » Ce n'était pas agir loyalement envers elle.

Et je ne comprends pas pourquoi vous en aviez tellement peur. Tout le temps vous me faisiez promettre de ne rien lui dire, et je ne conçois pas pourquoi en faire une telle histoire. Elle a vu d'autres personnes mourir du cancer.

N. — (Réponse marmonnée, inaudible.)

M. — Mais, vous savez, je pense que dans l'équipe à trois que nous faisions cela a été un des liens les plus forts. Finalement c'est parce que nous étions toutes les trois au même niveau, quant à notre santé. Et ce jour dans l'aéroport où vous lui avez parlé de vos tumeurs — ç'a été le plus dur, je n'ai pas connu de moments plus durs en prenant un avion rappelez-vous comment elle s'est dressée et vous a spontanément jeté les bras autour du cou. Et j'ai pensé : « Mon Dieu, voilà, elle lui dit adieu. » C'est bien ça que je pensais, et c'est, je crois, ce que j'ai vécu de pire. J'étouffais, je ne pouvais plus parler.

Je n'ai pu que la ramener vers l'avion. Et quand nous y avons été installées..., et alors je pensais qu'elle avait déjà compris la réalité, quand nous avions parlé de chimiothérapie et fait aux rayons de petites allusions qu'elle avait entendues, elle a dit : « Je ne savais pas que N. avait une tumeur. » J'ai dit : « Mais oui. » Il y a eu un long silence, et puis elle a dit : « On ne meurt pas à cause de tumeurs, n'est-ce pas ? » Et j'ai dit : « Bon, quelquefois, ça peut arriver. » Elle a dit : « J'espère que N. ne va pas mourir. » J'ai dit : « Moi aussi. » Et puis elle n'en a plus guère parlé jusqu'à notre arrivée à la maison. Jerry était venu nous chercher et cela avait été la grande nouvelle, le sujet de conversation de l'après-midi : N. a une tumeur.

Nous n'avons plus abordé le sujet jusqu'à ce que vous ayez une autre tumeur. Quand je suis allée vous voir à Austin, en mai 1972, j'ai dit à Meredith que j'allais vous voir et que vous étiez très malade. Je ne lui ai pas dit que vous pouviez mourir, mais seulement que vous étiez très malade, qu'elle ne pouvait venir avec moi et qu'elle passerait ce week-end chez sa grand-mère. Elle se rendait bien compte, je sais, que vous risquiez alors de mourir, et peu après elle a compris que cela vous était presque arrivé, et je pense que savoir que vous n'étiez pas morte, que vous aviez vaincu le mal, cela lui a donné une grande force. Et c'était un risque, oui, mais on pouvait en être récompensé. Elle a vu que plusieurs fois vous étiez près de mourir, mais que vous en aviez triomphé.

C'est une des raisons pour lesquelles cela m'a tellement ébranlée qu'elle ait abandonné la lutte. Oui, elle a vraiment cessé de lutter.

ÊTRE NORMAL

S'il y a, chez ces enfants malades, un besoin qu'ils cherchent aveuglément à satisfaire, c'est celui d'être comme les autres. Certains, il faut en convenir, aimeraient mieux être morts que différents. S'efforcer de rester normal réclame beaucoup de courage. Y parvenir, c'est obtenir la récompense la meilleure. Dans la plupart des familles que j'ai rencontrées, on y est arrivé à un degré surprenant. Je pense que ce but à atteindre a été la force qui a permis à notre famille de traverser courageusement l'épreuve. Et nous avons eu la satisfaction de vivre constamment ensemble, et nous en étions d'autant plus heureux que nous savions que nous ne pourrions plus avoir une expérience de vie « normale » par la suite.

M. — Il y a eu un moment à Noël — qui a été un temps très dur pour nous — où nous avons tous commencé à savoir que c'était vraiment la fin, et à distance je pense que Meredith a abandonné, qu'elle était fatiguée et ne désirait pas mener ce genre de vie plus longtemps. Nous avions dépassé le moment où l'on peut parvenir à être normal, et elle disait : « Oublions-le. »

C. — C'est alors je pense, que les gens *devraient* dire « oublions-le ».

M. — Elle l'a fait, vraiment elle l'a fait. Je m'en rends compte à présent mieux que sur le moment. Mais à présent je vois bien ce qui s'est passé.

C. — Ainsi, en un sens très réel, l'enfant *choisit*.

M. — Elle a choisi. J'en suis tout à fait persuadée.

C. — Vous savez, je pense que ce qui était si beau dans cet article : « Marchez dans le monde pour moi », et je pense que cela s'applique à toutes les mères qui ont comme moi des enfants adolescents — et comme vous bientôt —, c'est que cette femme a été capable de laisser son gosse faire toutes sortes de choses affolantes. Je pense que c'est ce qui m'a le plus impressionnée. J'ai pensé que cette femme devait être vraiment formidable, de l'avoir laissé prendre ces risques. Et qu'il ait pu les prendre de cette façon. Car, vous le savez, tout adolescent a besoin d'être casse-cou, et si vous ne le laissez pas prendre des risques, en conduisant ou autrement, vous brisez un ressort en lui.

M. — Il faut prendre des risques aussi avec les plus petits. Nous l'avons fait. Quelquefois nous sommes allées au cinéma, ou dans des foules nombreuses pour voir quelque chose d'idiot qui ne m'intéressait absolument pas, parce que je voyais que c'était important pour Meredith. C'est cela, je pense, qui était le plus important, et je pense que, malgré toute la misère que nous avons dû subir pendant dix-neuf mois, nous avons eu entre nous des contacts épatants. Cela a été à bien des égards une expérience formidable. Et cela a comporté de prendre de grands risques. Nous en avons pris, effectivement.

L'amie de Meredith, N., ressentait aussi cette importance d'être quelqu'un de « normal ».

N. — Peut-être que ce qui nous a attirées l'une vers l'autre, Meredith et moi, c'est que nous avions le même souci d'être normales. Quand on est atteint du cancer, la première idée qu'on a, c'est : il faut qu'en peu de temps j'accumule une grande quantité de vie. Et tout à coup on s'arrête net et on se dit : mais je ne m'en tirerai jamais. Bon, eh bien allez en Europe, amusez-vous, faites les quatre cents coups, vous comprenez, faites entrer beaucoup de vie dans le petit espace de temps prévu. Mais peu après, on s'aperçoit que ce n'est pas la chose à faire. Je me suis dit : si j'étais en parfaite santé, qu'est-ce que je ferais ? Je me remettrais à mes études, je passerais mon diplôme de *bachelor*[1] et je continuerais ensuite à l'université. Et c'est ce que j'ai fait. Et je pense que pour Meredith aussi c'était essentiel d'aller en classe, d'être comme les autres gosses, et je peux tout à fait comprendre ce qu'elle éprouvait. Elle allait ne plus être capable de s'en tirer, de revenir avec les autres, d'avoir une existence normale : et c'est cela qu'elle voulait. L'école est devenue une obsession. Comme si elle disait : je peux être normale, si seulement je retourne en classe, je veux être comme tout le monde, j'en ai assez qu'on se moque de moi, j'en ai assez des intraveineuses et des gens qui me demandent pourquoi j'ai une aiguille dans le bras.

Je la comprends parfaitement.

Bien des maladies sont cruelles, dures à supporter, mais je n'en vois pas qui imposent autant que le cancer et la leucémie une épreuve déshumanisante et prolongée. Non seulement on est lentement rongé de l'intérieur, mais aussi on subit des changements de personnalité et on est, oui, déshumanisé.

Bien des patients ont de la chance, ils ne subissent pas de déformation visible. En mai dernier, j'ai connu des jours très noirs, à me demander à quoi je ressemblerais quand je n'aurais plus qu'une jambe. Cela a été probablement le plus dur... A certains moments je voulais abandonner, je disais : je m'en fous, ça n'en vaut pas la peine. Et à d'autres moments je me disais : bon, si j'ai une certaine force intérieure, un peu de détermination, si je vois la vraie valeur de la vie, vivre avec une jambe de moins ce n'est pas tellement grave.

Je pense que vous pourriez comparer avec certains des gosses qui ont été dans ce service et qui ont connu cela, des déformations graves, à la mâchoire par exemple. On les voit terriblement changer. Mais où dire que s'arrête la valeur de la vie ? C'est vraiment tout à fait personnel. C'est ce que vous désirez, vous-même, obtenir de l'existence.

---

1. Diplôme obtenu en université, à peu près intermédiaire entre les diplômes français du baccalauréat et de la licence. *N.d.T.*

Pour en revenir à Meredith et à son besoin d'être normale, je pense d'abord aux restrictions que vous avez commencé à lui imposer. Elle ne devait pas aller dans les lieux publics, à cause de sa numération globulaire, alors que les gens normaux vont partout, et cela lui a donné une vive conscience de sa maladie. Vous disiez qu'elle ne pouvait pas aller en classe un certain jour, parce que trois de ses camarades avaient eu la rougeole. Mais la première impression d'échec qu'elle a eue, c'est quand elle a perdu ses cheveux et que cela a fait rire les autres gosses.

M. — Perdre ses cheveux... Ce n'est pas si terrible, sauf la première fois où ça fait l'effet d'un meurtre. Elle ne les a pas perdus au moment où on s'y attendait, évidemment, mais dix mois plus tard. Ils sont tombés d'un seul coup, patatras ! Toutes les deux, nous nous sommes assises et nous avons pleuré.

Cette affaire de cheveux a été un choc émotionnel à tous points de vue. Depuis, elle a toujours porté une perruque à l'école, mais jamais ailleurs, pour aller à l'épicerie par exemple. Elle l'ôtait en disant que cela lui tenait trop chaud et la démangeait, et elle ne la remettait qu'au moment d'aller en classe. La plupart des autres enfants savaient. Dans sa classe, naturellement, tous ses camarades savaient, et ils ne l'ont jamais taquinée parce qu'elle n'avait plus de cheveux. Tout à fait à la fin, quand elle avait été enflée par le traitement de prednisone, ils lui demandaient pourquoi elle était si grosse, mais à propos des cheveux ils ont semblé la protéger.

Un jour, trois petites filles noires qu'on avait amenées en bus à cette école [1], et qui en étaient furieuses, l'ont acculée contre un mur et se sont moquées de sa perruque, en menaçant de la lui enlever. C'est, je pense, ce qui lui est

1. Épisode du *busing* (transport en car) : pour lutter contre la ségrégation raciale, on a voulu intégrer des enfants noirs dans des écoles jusque-là réservées aux enfants blancs, en les amenant en car puisqu'ils habitaient habituellement un quartier différent. Cette mesure fut difficilement acceptée. *N.d.T.*

arrivé de plus terrifiant à l'école : être la risée de tous parce qu'elle n'était pas comme les autres. Il a été difficile de la tirer de leurs mains. Enfin une de ses petites amies a réussi à la ramener dans la salle de classe. Elle était très secouée. Ce qui est drôle, c'est que lorsqu'elle a perdu ses cheveux la seconde fois — vous vous rappelez, ils avaient un peu repoussé et c'était tout mignon —, cela n'a pas semblé la tracasser.

N. — Vous savez, quand nous avons commencé à aller à ce restaurant mexicain, elle trouvait que c'était épatant, mais quand cet imbécile de garçon a fait la gaffe de la diriger vers les toilettes des messieurs, elle n'avait vraiment plus envie d'y retourner.

M. — Je ne m'en suis pas aperçue.

N. — Et l'idée même d'aller à ce restaurant la rendait furieuse. Si nous en parlions elle se mettait sur la défensive. Parce qu'on l'avait envoyée aux toilettes des hommes, et le type avait fait tant d'histoires sur ce qu'elle avait au bras, et finalement elle lui avait dit qu'elle avait la leucémie. Et il en a fait toute une affaire et l'a traitée autrement que les autres parce qu'elle était leucémique.

M. — Elle a toujours eu le talent de faire taire les gens. Elle savait leur fermer la bouche quand ils disaient : « Qu'est-ce que vous avez donc ? » Elle répondait : « J'ai une leucémie. » Cela leur faisait un tel effet qu'ils ne venaient plus nous ennuyer.

N. — Elle ressentait pourtant beaucoup ce qui lui arrivait. Quand nous avons été à Austin, elle m'a dit qu'elle avait vu un petit garçon qui avait un bandeau sur l'œil et qu'elle comprenait l'effet que cela lui faisait si les gens se moquaient de lui parce qu'il était différent des autres... Nous en avons parlé, disant que ce que racontaient les gens n'avait pas d'importance, parce que les gens qui vous aiment vraiment ne se soucient pas que vous ayez des cheveux ou non. C'était quand nous avions été invitées par les Kappas [1].

1. *Kappas*: les étudiantes de l'Université d'Austin, qui avaient pris comme sigle le K grec, *kappa*. N. était membre de leur association, ou *sorority*. *N.d.T.*

Au printemps de 1972, Meredith a eu une période difficile, six semaines de malaise physique et de dépression, à la suite d'une chimiothérapie plus poussée. Afin de la distraire, nous sommes allées à Austin (Texas) pour revoir sa fidèle amie N. et les étudiantes de l'Université du Texas qui l'avaient entourée d'affection et d'attentions pendant toute cette année scolaire. Cette visite n'effaça pas les effets nocifs des produits chimiques : ils ne s'apaisèrent qu'avec le temps. Mais elle y apprit qu'en dehors de sa famille on l'aimait, en dépit de ce qu'elle avait de différent.

N. — Elle pensait que les Kappas ne l'aimeraient plus à cause de son absence de cheveux. Et cela a été très important pour elle parce qu'à ce moment elle a compris l'affection que j'avais pour elle. Et pourtant, au moment où ses cheveux sont tombés, elle avait peur de me le dire. C'est qu'elle était si fière de ses cheveux longs !

M. — Ensuite, cela a été un sujet de plaisanterie, quand ses cheveux ont commencé à repousser et qu'elle était si mignonne qu'on ne pouvait s'empêcher de lui passer la main sur la tête. Tout le monde le faisait, nous disions qu'on la caressait comme un petit chat, et elle aimait beaucoup être caressée.

N. — Oui, quelquefois quand elle était en colère contre moi elle me disait : « Tu ne m'as pas donné une seule caresse aujourd'hui. » Et c'était si doux, et elle en était fière. C'était une chance, et elle recommençait à avoir confiance en elle, quand à nouveau elle a été assommée. Elle a reperdu ses cheveux et elle a commencé à prendre du poids, à tel point...

M. — Et ça, c'était pire que les cheveux.

N. — Et voilà, elle en est arrivée à ce stade affreux où elle avait horreur d'elle-même. Je dois le reconnaître, je n'avais pas eu un recul la première fois que je l'avais vue sans cheveux...

M. — Vous étiez habituée, aussi, à voir des enfants chauves.

N. — Et mon père l'est aussi... mais j'ai eu ce recul, à l'automne, quand j'ai vu Meredith devenue obèse. Ma première pensée a été : comment ce petit cœur va-t-il suffire à un corps pareil ? Elle était hypersensible à ce sujet. En la soulevant un jour j'ai dit : « Eh bien ! Meredith, tu dois perdre du poids, tu es bien moins lourde à mettre au lit. » Elle a été contente toute cette matinée.

Et Meredith supportait mal de ne pouvoir rien y faire : à son poids, à ses cheveux. Elle aimait agir sur elle-même, et elle en était incapable.

Et puis, nous avons eu des problèmes de discipline. Entre autres raisons, parce qu'elle voulait prouver qu'elle était normale et qu'il lui fallait constamment se le réaffirmer à nouveau.

M. — Vous savez, c'était curieux, mais je n'ai jamais trouvé que Meredith avait autant que beaucoup d'enfants le besoin d'être rassurée, mise en confiance. Je ne parle pas des enfants anormaux, je parle de ce dont tous les gosses ont besoin, quand ils sont à l'âge où l'on apprend. Ils veulent qu'on leur dise que ce qu'ils font est bien. Qu'ils font des essais, et qu'ils se trompent peut-être, mais que ce n'est pas grave s'ils font des erreurs. Meredith, habituellement, n'en avait pas besoin, elle avait confiance en elle de façon peu ordinaire. Sauf au cours du dernier automne : alors elle avait un besoin constant qu'on l'aide à comprendre qu'elle n'était pas sans valeur.

N. — Oui. Elle a connu une période où, si elle faisait quelque chose de travers, elle se mettait vraiment en colère contre elle-même. Il fallait que j'aille m'asseoir près d'elle et que je lui explique que ça arrive à tout le monde de se tromper. Elle pensait que c'était anormal. Si elle s'était trompée, elle disait : « Comment est-ce que je pouvais savoir ? » Et elle n'avait pas su, et ça la rendait furieuse. Elle pensait qu'elle aurait dû tout savoir. Elle était plus sévère pour elle que n'importe qui l'aurait été.

DE LA DISCIPLINE

N. — La discipline..., une des choses les plus difficiles pour les parents dans le service d'enfants malades... Quand l'imposer, quand ne pas l'imposer ?

M. — Il est très dur de continuer à exiger une discipline normale quand on pense que l'enfant ne vivra pas assez longtemps pour en tirer bénéfice. Pourquoi les priver ? Donnons-leur tout ce qu'on peut pendant qu'ils sont encore en vie. Oui, c'est très dur. Et la dépendance n'aide pas, non plus.

N. — Je pense que les gosses font des essais, cherchent à savoir jusqu'où vous les laisserez aller. Ils savent que s'ils étaient à la maison on ne leur permettrait pas de faire ceci, cela, comme d'écrire sur les murs. Je pense bien souvent que Meredith réclamait d'être commandée. Et quand elle pensait que nous étions terriblement sévères pour elle, et qu'elle en informait le monde entier, elle savait pourtant que nous la traitions comme nous aurions traité n'importe qui. Je pense que si vous ne lui aviez pas imposé une discipline en automne, vous auriez eu les mêmes difficultés que Jane est en train d'avoir avec Madge. Meredith savait ce qu'elle pouvait se permettre, Madge sait qu'elle peut tout se permettre. Vers la fin, la discipline est très importante. Et je crois que Meredith l'a facilitée à tout le monde. Elle s'est disciplinée elle-même.

Elle est devenue de moins en moins dépendante. Elle avait pris sa décision et elle la mettait à exécution de la façon qu'elle jugeait la meilleure. On aurait dit qu'elle savait bien ce qui allait arriver, peut-être ne savait-elle pas exactement ce *qui* allait arriver, mais elle y réagissait à sa manière parce qu'elle avait encore sa personnalité. Vous ne cédiez pas tout le temps, vous lui imposiez des règles pour qu'elle garde sa personnalité. Tel est l'intérêt de la règle. Cela l'a aidée à prendre des décisions. Elle n'avait pas à dépendre de vous pour ceci ou cela.

Parfois je ne sais pas si je peux en faire autant. Au printemps dernier, j'en avais tellement assez du cancer, je disais que je ne voulais plus prendre de cytoxan, que je ne voulais plus rien du tout, et j'ai entendu Meredith me dire : « Comment penses-tu que je vais lutter, alors, si toi tu ne veux plus ? »

M. — Comment savait-elle que vous aviez envie d'abandonner ?

N. — Elle m'avait entendu parler avec une amie.

LES DERNIERS JOURS

M. — Pouvons-nous revenir sur ce qui s'est passé, ce week-end où elle est morte ? Toute cette période, le mois précédant sa mort, après notre retour à Houston, a été quelque chose de si différent. Nous sommes revenues avec une expectative, avec l'impression que les choses étaient différentes mais nous ne savions pas pourquoi. Et puis elle a eu sa pneumonie. Je n'oublierai jamais ce moment où je l'ai vue entrer... Le lendemain du jour où nous avions repris notre appartement, c'était un désastre et je criais ma colère contre ces inconnus qui étaient entrés chez nous, avaient enlevé nos affaires et avaient laissé à la place une écurie. Et le dimanche matin elle avait de la fièvre.

Et elle est entrée tout doucement dans la salle de bains, ce matin-là, et m'a dit : « Ça m'ennuie beaucoup de te dire ça, » — et je voyais bien qu'elle avait très peur — « mais je crois que je dois te le dire : mon épaule me fait mal. » Alors, je crois qu'on aurait pu me mettre par terre d'une chiquenaude. Je me suis efforcée tant que j'ai pu de ne pas lui laisser voir à quel point j'étais inquiète. J'ai répondu : « Eh bien ! de toute façon nous devions retourner à l'hôpital aujourd'hui, on s'occupera de ça. » Mais elle souffrait vraiment. Et tout ce que je pouvais penser, c'était que c'était arrivé comme ça à Jim : le premier symptôme, c'était une douleur à l'épaule. Et je me suis dit : voilà, je le savais bien, que le médicament allait dessécher la moelle osseuse juste au moment où la pneumonie s'installerait vraiment. C'était comme une prémonition, la semaine entière m'est passée devant les yeux. Et c'est à peu près ce qui est arrivé.

A l'hôpital, nous étions, vous le savez, dans cette chambre vers le bout du couloir, du côté « bien », avec Madge et Barbara. Madge est partie en consultation externe, et Barbara est rentrée chez elle, et l'infirmière est venue me dire : « Cela vous irait-il, de vous installer dans une chambre particulière ? » Tout de suite, je me suis sentie paniquée. (On passait d'une extrémité du couloir à l'autre selon la gravité de la situation.) Et j'ai dit : « Pour des raisons médicales ou des raisons de convenance personnelle ? » (C'était devenu une plaisanterie dans « notre famille » de ce service tellement cette phrase se répétait souvent.) Elle m'a affirmé que c'était pour des raisons de convenance personnelle, parce qu'on attendait un enfant « difficile », mais que je pouvais choisir entre rester là ou changer de chambre.

Je ne me rappelle pas du tout quel jour nous avons fait ce changement, peut-être jeudi. Elle avait été très fiévreuse le matin, mieux l'après-midi. Nous sommes restées un jour ou deux dans cette chambre avant qu'elle soit très mal. Et puis nous avons téléphoné à Jerry de venir lui donner des globules blancs. Je me rappelle quand j'ai été le chercher (il n'avait pas prévu de venir ce week-end-là) je lui ai dit : « Oui, elle est vraiment malade, mais ce n'est pas du tout désespéré... » Je savais, mais je ne voulais pas l'admettre. Et le lendemain matin elle était dans un état critique.

Et l'oxygène. Je me demandais pourquoi on ne l'avait pas utilisé plus tôt. Elle se sentait si mal. Elle souffrait tant. De partout.

N. — Elle se rendait bien compte de ce qui se passait, cette semaine-là.

M. — Je me rappelle quand elle a commencé à décliner, quand elle est arrivée à l'état critique. Elle a commencé à dire des choses étranges, comme si elle rêvait. J'ai téléphoné à mon père, et nous avons eu une conversation agitée pour savoir s'il viendrait. Et aussi, une amie m'a téléphoné de San Antonio, je lui ai dit : « Oui, mais nous sommes passées déjà par des moments pires », et elle m'a dit qu'elle en avait parlé à son mari qui est médecin, et qu'il avait déclaré que c'était la fin. Mais il était si loin, il ne savait pas ce que j'avais dit... Et quand mon père est arrivé, il a dit : « Allons, elle n'est pas mal au point que je croyais. » Mais elle l'a été au cours de la nuit, ce dimanche, et mon père a même téléphoné à Jerry de revenir du motel tout de suite. Mais elle s'est accrochée encore. Elle a tenu un jour après que nous pensions qu'elle se mourait. Et cette nuit-là, on aurait pu lui donner des leucocytes avec la machine. J'étais quelquefois furieuse que l'hôpital arrête son travail pendant le week-end. Le samedi, elle aurait pu recevoir des globules blancs, si on avait vraiment voulu lui en donner. Et il a fallu attendre jusqu'au lundi. Alors, c'était trop tard.

Et je me souviens de ce bruit bizarre qu'elle faisait en respirant ; chaque fois qu'elle le faisait, j'avais mal. Le Dr R. répétait que ce n'était qu'un réflexe. Qu'on pourrait s'inquiéter quand elle cesserait de le faire. Et le lundi, elle a cessé.

Cette nuit-là, j'ai sombré dans le sommeil, et je me suis réveillée juste avant la fin. Je pensais bien qu'elle mourait vraiment — je savais que cela arriverait — mais je ne pouvais pas le croire. J'ai demandé à mon père : « Elle est morte ? » et il m'a répondu : « Oui, cliniquement. » Et j'ai pleuré.

Et j'avais pensé : « Dieu veuille que nous en ayons fini ! » Mais quand elle est morte vraiment, j'étais aussi rompue et aussi bouleversée que n'importe qui. Prise de court, absolument. Et j'étais stupéfaite d'avoir cette réaction, alors que je savais parfaitement qu'elle s'en allait.

Et on m'a fait sortir de la chambre, et j'étais furieuse. J'ai pensé : enfin, quoi ! ils ont laissé Ginny rester pour faire la toilette de Tom, alors je pensais qu'on me laisserait la faire, c'est ma gosse, j'ai bien le droit d'être auprès d'elle. Mais ils n'ont pas été de cet avis.

Tout est arrivé si vite. Quand tout a été fini je me souviens que j'ai parlé avec Mary, et elle répète que tout le monde était étonné que je l'accepte aussi bien, mais en réalité j'étais dans un état de choc. Je suis sortie et je lui ai dit simplement que c'était fini, et nous avons parlé quelques instants.

Je me rappelle que des infirmières sont entrées. J'étais allée un peu avant dans le local des infirmières pour leur dire adieu. Je me dis parfois que pour le personnel c'est encore plus dur que pour les parents. Et pourtant, cela a paru encore plus dur pour elles dans le cas de Meredith, je ne sais pas pourquoi, parce qu'elle n'y a pas été tout le temps. Comment se peut-il qu'elle ait fait une telle impression à tant de personnes ? mais c'est un fait, et je ne peux pas croire que le personnel soit aussi bouleversé chaque fois qu'il y a une mort. Tout le monde ne s'est pas effondré, bien sûr, mais il y avait des membres importants du personnel qui pleuraient ouvertement.

S'Y ATTENDRE

M. — Je dois dire que cela aidait un peu de savoir comment tout cela finirait. On avait le temps de se préparer. Le temps de vivre aussi pleinement que si l'on était dans des conditions normales. Il n'y avait pas beaucoup de choix, alors il fallait profiter au mieux de ce qui est donné, limité, de cette « qualité de vie » qui est un sujet de conversation à l'ordre du jour.

Nous avions, par bonheur, une fille qui, ayant une maturité exceptionnelle, a pu accepter ce qu'elle savait bien être son sort. C'est peut-être un effet secondaire du cancer que les enfants qui en sont victimes grandissent plus vite que les autres, car je l'ai observé dans bien d'autres cas.

Et à la fin, cela a été plus facile pour nous que pour bien d'autres. Je ne veux pas dire que cela était vraiment facile. Mais facile par comparaison. Mon mari et moi, nous savions où nous en étions à ce stade de la maladie. Nous avions demandé et obtenu le type de traitement que nous désirions, en prenant sur nous toute la responsabilité des risques que comportait un traitement énergique. Nous avons perdu. Cela a été douloureux, angoissant, mais cela a été rapide, et nous y consentions, et nous n'avons pas de regrets.

J'ai vu d'autres enfants mourir du cancer. Certains traînaient, s'affaiblissaient, semblaient se dessécher jusqu'à n'être plus rien. D'autres mouraient d'infections purulentes, répugnantes. Ceux d'entre nous dont les enfants n'avaient connu aucun de ces deux cas extrêmes pouvaient s'estimer heureux. Les derniers moments ne venaient pas assez vite pour nous surprendre sans y être préparés, mais ils n'étaient pas prolongés de telle sorte que nous en aurions été hantés pendant toute notre vie.

A part de rares exceptions, tous les parents que j'ai rencontrés dans cette société du service pédiatrique ont accueilli la mort avec un soulagement heureux. Pas un n'aurait pu songer à éprouver du soulagement *avant* la mort de l'enfant ; mais quand elle est survenue, presque tous ont eu un sentiment de libération, l'impression de pouvoir vivre désormais sans peur et sans souffrance — pour eux et pour l'enfant qui était mort.

Pour nous c'est arrivé si vite. Bien plus vite que je ne m'y attendais. Je m'étais fixé la limite de Pâques, je pensais : nous tiendrons bien jusque-là. Et voilà, tout était fini en janvier. Mais cela a été surprenant. Je peux voir comment au cours de ce week-end mes sentiments ont évolué. Elle a été assez souffrante le vendredi, très malade le samedi. Affolement, angoisse, et acceptation, en trois jours.

C. — Eh bien ! oui...

M. — Je me rappelle le jour où vous êtes venue. J'ai dit : je suis prête. Je ne suis pas prête, mais aussi prête que je pourrai l'être. Et Dieu veuille que nous en ayons fini ! Et j'étais dans l'angoisse et je me disais : combien de temps cela va-t-il durer ?

LA QUALITE DE LA VIE

M. — J'aimerais vous poser quelques questions. A propos de la formation du personnel en service.

C. — On fait ce qu'on peut. En fait, je pense que la meilleure formation, c'est, disons, l'expérience. Mais ici, surtout en ce qui concerne les infirmières, on insiste beaucoup sur la mort à l'hôpital et c'est excellent, elles cherchent toujours à acquérir de nouvelles méthodes, de nouvelles façons de s'y prendre avec les mourants. De mon point de vue, c'est beaucoup un problème de société : tous, nous sommes conditionnés à ne pas penser à la mort. Mon sentiment, c'est que seuls ceux qui peuvent envisager la mort peuvent vraiment vivre. La mort est tellement une part de la vie ! Mais la plupart des gens autour de nous dépensent une énergie considérable à s'efforcer de nier la mort.

Mais tous, nous mourrons. Nous le savons bien. Et bien souvent, nous demander comment et pourquoi, ce n'est pas important. L'important, c'est comment vivre, c'est cela qu'il nous faut saisir. C'est comme lorsque j'ai commencé à travailler alors que j'avais des enfants encore tout jeunes ; je me débattais dans mes conflits intimes et mon sentiment de culpabilité. Et enfin je me suis rendu compte qu'à certains jours je restais toute la journée à la maison et je n'en étais pas plus avec mes enfants pour cela, j'étais trop préoccupée, affolée par les questions d'argent, je me mettais en colère contre eux et je les attrapais, alors, qu'est-ce que ça valait ? Cela ne veut pas dire qu'aller travailler vous en délivre automatiquement, vous savez, on rentre à la maison fatiguée et on crie aussi après les enfants. Mais les moments importants sont les moments où l'on est vraiment avec eux. C'est ça la qualité. La qualité de la vie. Et c'est la question de qualité qui se pose si quelqu'un est dépendant d'un tas de machines, ou si quelqu'un supporte simplement sa maladie un jour après l'autre, pour toutes sortes de raisons, parce qu'il est déprimé, ou angoissé, ou parce que c'est tout ce qu'il peut faire.

M. — Je pense à l'un des problèmes moraux de notre époque..., je parlais avec un généticien de ces questions de morale médicale, de l'avortement par exemple. Je lui ai dit que j'étais contente de pouvoir échapper à ça, je ne vais plus avoir d'autres enfants, je n'ai donc pas à prendre de décision qui pose un problème moral. Mais ce qui me semble un problème brûlant de notre époque, c'est ceci : lorsque je n'estime plus (et en dehors d'un cas de dépression irrationnelle) que j'ai des raisons valables de continuer à vivre, ai-je le droit de mettre fin à ma vie dans la dignité ? Si je ne suis plus utile en rien ni à moi-même ni aux autres, s'il ne me reste plus que le seul fait d'exister, j'estime que c'est le moment où je peux légitimement mettre fin à ma vie. Et si ce temps venait pour moi, j'espère que les secours médicaux et l'appui moral seraient là pour m'aider à le faire.

Et quand vous parlez de la qualité de la vie, je sens profondément que c'est vrai pour moi. Il m'est arrivé de dire : avec ma sclérose multiple, je ne deviendrai pas vieille. Et je disais que je n'avais pas envie de devenir vieille, une vieille femme incapable, inutile. Et j'ai pensé : bon, j'aurai probablement bien d'autres problèmes avant d'avoir à envisager celui-là ! Et maintenant, je pense vraiment que c'est une question, une question très grave.

C. — Sans aucun doute... Et cela a été une de mes controverses avec ceux qui travaillent dans le domaine psychologique, où je travaille moi-même : certains soutiennent tellement que le seul motif pour s'ôter la vie est la dépression mentale, et je trouve qu'ils sont absolument hors de la plaque. Je pense, moi, qu'on peut certainement mettre fin à sa vie si l'on estime : « Voici arrivé le moment où il est préférable pour moi de mourir. » Si l'on est bien convaincu qu'il n'y a plus moyen de vivre une vie qui soit supportable. Et c'est différent suivant les personnes. J'ai connu des gens gravement handicapés qui menaient une vie tout à fait satisfaisante à tous les points de vue, une vie très bien adaptée.

M. — Je connais moi aussi des gens comme ça. Celle de mes professeurs que je préfère, par exemple, est comme ça.

C. — Je pense à mon père qui n'avait jamais été malade et qui, vers la fin de sa vie, est tombé malade et est mort très rapidement. Et j'ai pensé, comme vous avez pensé pour Meredith : merci, mon Dieu. Car au moment où il a perdu ses moyens physiques, il a été comme une coquille vide. On aurait dit que la lumière s'était éteinte à l'intérieur de lui — et pour moi c'est alors qu'il est mort. Et il semble que ce soit ce qui arrive à beaucoup d'hommes, parmi nous, qui ont vraiment réussi beaucoup de choses. Parce que nous parlons toujours de ce que les gens réussissent, et non de ce qu'ils sont. Non de l'être, mais de l'action. Et mon père était quelqu'un qui agissait.

M. — Pour moi aussi, la vie c'est cela. Bien sûr, j'ai beaucoup de réadaptations à faire, à présent que d'un seul coup ma vie s'est trouvée transformée de fond en comble. Mais je me sens toujours obligée de faire tout, tout de suite. Faire tout, immédiatement ! En partie à cause de ma liberté, car j'ai beaucoup de liberté à présent que Meredith est partie, une liberté que je n'avais pas : et aujourd'hui je ne sais pas trop qu'en faire, alors je m'efforce de faire tout. Et aussi, je sens le besoin de me dépêcher de décider ce que je vais faire, afin de mettre un peu d'ordre dans ma vie et de trouver un sentiment de sécurité... je ne sais si on y parvient jamais, mais je dois m'y efforcer. S'enfoncer la tête dans le sable comme l'autruche, ça ne sert à rien, d'ailleurs. Et je trouve que tout cela n'est pas du tout simple. Je voudrais avoir une vie bien remplie jusqu'à ce que ce soit le moment de partir. En venant ici, je pensais : si cet avion avait un accident et que j'y reste ? ce serait très bien. Parce que la vie m'a apporté beaucoup. Rien ne m'a manqué.

Quatrième partie

En cas de mort par accident

Nous avons évoqué jusqu'ici les malades, adultes et enfants, qui sont au seuil de la mort. Nous avons dit les réactions successives des patients et de leurs proches, cherchant à comprendre ce qui se passe et peut-être à trouver un sens à tout ceci, un équilibre alors que leur vie quotidienne est bouleversée. Ce n'est possible, évidemment, que s'ils disposent d'un certain délai entre le début de la maladie et l'issue fatale.

Mais, c'est un fait, des milliers d'adultes et d'enfants meurent de façon subite, inattendue. Les survivants n'y sont donc pas préparés. C'est pour eux un choc terrible, qui les laisse hébétés, incapables de réagir, alors qu'ils auraient besoin de voir clair et d'agir vite. Les problèmes qui se posent sont multiples. Le dialogue qui suit, entre une infirmière dévouée d'un service d'urgences et l'auteur, indiquera certains faits observés et pourra clarifier certaines questions souvent évoquées.

Quand, après un accident de voiture, un grand blessé est amené à la salle des urgences, chacun sait bien que les minutes comptent. Mais, malheureusement, dans la plupart des hôpitaux, le personnel pense que ce n'est ni le moment ni la possibilité d'être attentif aux besoins affectifs. Il faut, tout de suite, voir de quels soins le patient a besoin en première urgence, quels secours on peut lui apporter, et vérifier s'il est encore vivant. Cette estimation représente déjà une tâche considérable. Le médecin qui en a la responsabilité doit commencer à faire le nécessaire: maintenir le fonctionnement cardiaque, dégager les voies respiratoires, donner de l'oxygène, installer les intraveineuses... tout cela dans l'immédiat. Personne n'a le temps de répondre aux questions affolées que posent les proches, au sujet d'un mari ou d'un enfant. Médecins et infirmières appliquent toute leur compétence aux besoins corporels du patient proche de la mort, et ses besoins affectifs et spirituels sont, à ce moment, bien loin de leurs préoccupations. Ils luttent de toute leur énergie pour conserver une vie. Le grand blessé, ou le grand malade, est souvent en état de choc, corporel et affectif, et n'est même pas conscient de ce qui arrive.

M.L. [1] — Dr Ross, comment pouvons-nous aider un patient qui est conscient, mais désorienté ?

E.K.R. Oui, c'est fréquent après un traumatisme crânien. Une infirmière peut, je crois, aider ce patient simplement en lui parlant de façon brève et concrète. Elle peut dire, par exemple : « Monsieur Un tel, vous avez eu un accident, et vous êtes à tel hôpital. Je m'appelle... et je cherche à ce que vous soyez le mieux possible. Le Dr X arrivera bientôt. » Elle l'aide à s'orienter en lui disant où il est, ce qui lui est arrivé, et qui elle est elle-même.

M.L. — Quand un patient arrive aux urgences en état critique, un de nos plus grands soucis est d'aider la famille, mais les infirmières sont tellement prises par leur travail ! La famille a besoin de nous mais nous ne pouvons rien pour elle.

E.K.R. Eh bien, une personne bénévole [2] ayant reçu une formation pour cela, ou un travailleur social, ou l'aumônier de l'hôpital, devraient être aussitôt disponibles pour cette assistance à la famille. On devrait pouvoir les appeler 24

---

1. M.L. est une infirmière spécialisée dans les urgences. Elle a des années d'expérience et se montre très humaine.

2. Il faut se rappeler qu'aux États-Unis on utilise plus qu'en France les services de bénévoles, qui s'offrent spontanément et sont largement employés — peut-être est-ce un héritage du temps des pionniers où l'entraide était habituelle et nécessaire. *N.d.T.*

heures sur 24, et peut-être surtout la nuit, car c'est là qu'on peut en avoir le plus besoin.

M.L. — Trouver pour les proches un endroit isolé, c'est un problème. Nous avons des salles de réunion, mais elles ne sont pas près des salles d'urgences.

E.K.R. Lorsqu'on fera un projet de nouvelles salles des urgences, espérons qu'on pensera à aménager une pièce réservée à la famille. Une pièce assez grande pour que ces personnes puissent dire tout haut ce qu'elles éprouvent, se reposer dans un bon fauteuil, et qui serve de ce qu'on a appelé « une pièce où l'on peut crier ».

M.L. — Quelquefois il y a de longs délais, inévitables, avant de joindre le coroner[1] ou le médecin qui signera le certificat de décès, ou de retrouver l'enfant vivant du défunt, alors que c'est avec lui, légalement, que nous devons nous mettre en rapport.

E.K.R. On ne peut pas toujours éviter ces délais. Mais sans aucun doute, ils semblent bien inutiles et pénibles aux proches que l'on fait attendre sans qu'ils comprennent vraiment pourquoi. Je pense que c'est alors que la personne bénévole pourrait intervenir, s'asseoir près d'eux, les écouter, leur offrir un jus de fruits ou du café, peut-être proposer de faire quelques appels téléphoniques et les aider à parler. Il ne faudrait les laisser seuls que s'ils le demandent et ne semblent pas trop profondément perturbés.

M.L. — Faut-il que nous soyons attentives à certaines réactions qui révéleraient certains troubles chez ces personnes ?

E.K.R. A mon avis, une personne qui vient de perdre le seul membre de sa famille, ou qui se sent peut-être responsable du décès, est elle-même très sujette au risque de suicide, en état de choc et de dénégation. Il ne faudrait pas la laisser quitter l'hôpital seule.

M.L. — Mais s'il n'y a pas d'amis intimes qui puissent rac-

1. *Coroner*: officier civil qui, étant chargé de l'enquête en cas de mort subite ou violente, doit voir le cadavre. *N.d.T.*

compagner cette personne chez elle, que faire, à votre avis ?

E.K.R. Si c'est elle qui conduisait la voiture qui a provoqué l'accident mortel, je la garderais à l'hôpital, évidemment pas en psychiatrie, mais dans une chambre où se détendre et recevoir les soins appropriés pendant ce moment d'émotion intense. Très probablement, il suffira qu'elle y reste jusqu'au lendemain.

M.L. — Êtes-vous d'avis, en pareil cas, de donner un sédatif ?

E.K.R. Non, je crois que nous avons tendance trop souvent à calmer sur-le-champ ces personnes qui crient, pleurent, ont un comportement hystérique... et je me demande si parfois nous ne le faisons pas pour notre propre satisfaction... Vous savez, nous aimerions qu'elles se tiennent tranquilles, cessent de pleurer, signent rapidement les papiers nécessaires et s'en aillent. Mais je pense que nous aiderions mieux ces personnes si nous ne leur donnions pas de calmants. Bien sûr, si nous les calmons elles sortiront de la salle des urgences plus vite. Cela ne résout pas leur problème, mais le remet à plus tard. Je trouve que cela vaudrait mieux si elles pouvaient, aussitôt après le drame, pleurer, poser des questions, sangloter sur l'épaule de quelqu'un. À long terme, nous leur rendons service davantage en ne les calmant pas.

M.L. — Les proches qui restent paisibles et ne réagissent pas, ou peu, sont ceux qui m'inquiètent le plus.

E.K.R. Ils m'inquiètent aussi. Il faut leur accorder une grande attention. Les gens qui pleurent, crient, se comportent d'une façon qu'on dit « hystérique », courent beaucoup moins de risques que ceux qui enferment tout en eux. Nous parlons en ce moment, bien sûr, de la mort subite, non de la mort à quoi on s'attendait et qui est parfois un soulagement après une maladie longue, éprouvante.

M.L. — Dans un accident où plusieurs membres d'une famille ont été grièvement blessés, où peut-être quelqu'un est mort, que diriez-vous, par exemple, à un mari qui demande ce qui est arrivé à sa femme ?

E.K.R. Bien, je pense que s'il est lui-même dans un état critique, et qui nécessite peut-être une intervention chirurgicale, il nous faut attendre avant de lui dire que sa femme est morte. Il est déjà traumatisé à cause de ses blessures. Si nous lui donnons tout de suite les mauvaises nouvelles, il peut perdre tout désir de vivre. Il peut y avoir des exceptions, évidemment : nous avons eu un homme gravement blessé, dont la femme avait été tuée sur le coup, mais dont le fils n'avait rien eu. Quand il m'a questionnée sur sa famille, j'ai répondu : « Pour votre femme, je ne sais pas trop, mais j'ai vu votre fils, il est bien, il a demandé de vos nouvelles. » Cet homme m'a regardée aussitôt et m'a dit : « Elle est morte, n'est-ce pas ? » J'ai fait un signe de tête affirmatif.

M.L. — Il était bien difficile de lui mentir alors, n'est-ce pas ?

E.K.R. Oui, je pense que si un homme pose nettement la question, il faut lui dire la vérité. Je lui ai demandé alors s'il voulait lutter pour sa vie, à cause de son fils, et il m'a dit : « Oui, je le veux. »

M.L. — Pensez-vous que les patients qui n'ont pas perdu conscience après un accident se rendent vraiment compte de ce qui est arrivé, à eux et aux autres ?

E.K.R. Ils sont souvent en état de choc. Je pense qu'il nous faut être très attentifs à la personnalité de chacun, et voir ce que chacun est capable d'entendre. Si nous pouvons être sincères envers le patient sans le traumatiser, sans lui donner des détails inutiles qu'il ne demande pas, j'estime que nous lui rendons un grand service.

M.L. — Parfois, un patient demandera s'il va mourir. Si c'est le cas, quelle est la meilleure réponse à lui donner ?

E.K.R. Je crois n'avoir jamais dit à un patient qu'il allait mourir. Les gens qui ont le moins bien réagi sont ceux qu'on a avertis de façon brutale, sans laisser aucun espoir. Il est très important de réserver toujours une possibilité d'espérer. Dans une telle situation, nous pourrions dire simplement: « Mon cher ami, nous allons mener la lutte ensemble pour vous en tirer. » Si vous lui donnez ce type de réponse, le patient vous fera confiance, il saura que vous faites tout pour que l'espoir soit encore possible. S'il vous dit : « Allons, je vais mourir, je le sais bien », j'ajouterais peut-être : « Ce n'est pas impossible, mais nous allons encore faire de notre mieux, n'est-ce pas ? » Ainsi, le patient sait que vous n'allez pas lui mentir, mais que vous ferez l'impossible pour qu'une telle éventualité ne se produise pas.

M.L. — Récemment, lors d'une tentative de réanimation, une infirmière de notre équipe a très mal réagi lorsque nous avons dû abandonner. Elle avait perdu son père un mois auparavant, et venait seulement de reprendre le travail.

E.K.R. Vous savez, il est extrêmement important d'être attentif aux membres de l'équipe soignante et à leur sensibilité propre. Les infirmières ou les médecins vont participer à de nombreuses tentatives de réanimation qui échoueront. Ils le font avec leur émotivité, leurs croyances religieuses, peut-être aussi un deuil trop récent, qui rend ce travail vraiment très pénible. Autant que possible, il faudrait prendre le temps de leur parler de ce qui vient de leur arriver, afin qu'ils puissent communiquer ce qu'ils ressentent, l'extérioriser, et que nous puissions les aider eux aussi, sans nous contenter d'aider les patients et leurs familles. Ils ont besoin d'une pièce où pleurer, tout autant que les proches d'une personne victime d'accident.

M.L. — Nous avons habituellement une petite réunion de discussion après l'admission d'un patient en état critique. Mais quand nous le perdons, nous nous sentons frustrées, et souvent nous sommes en colère. Je peux vous donner un exemple de colère, telle qu'elle jaillit parfois — ce qui est très difficile à supporter pour le personnel. Il n'y a pas très longtemps, on nous a amené aux urgences trois jeunes, après un accident de moto. Deux étaient morts en arrivant, et le troisième avait eu une jambe arrachée. Il murmurait : « Ce n'est pas vrai, ce n'est pas vrai », et soudain il cessa de parler, il était mort. La famille qui l'avait entendu hurler voulait entrer dans la chambre. C'était un spectacle affreux, et on s'efforçait d'empêcher ces personnes d'entrer. Quand enfin ils franchirent la porte, ils réagirent presque violemment et se mirent à crier : « Qu'est-ce que vous lui avez fait ? Vous l'avez tué, vous l'avez tué. » Ces explosions de colère, d'angoisse, de souffrance, sont très difficiles à supporter pour le personnel, qui lui aussi connaît la colère, la peur, la déception et bien souvent a envie de dire : « Pourquoi êtes-vous venu mourir dans mes bras ? » Vous savez, on fait tant d'efforts, et puis le patient vous meurt entre les bras. Il faut qu'on nous permette d'exprimer ces sentiments, cela nous aide énormément...

Une nuit, après de longs efforts inutiles pour sauver un patient, une infirmière a entendu le prêtre ami de la famille dire aux proches : « C'était la volonté de Dieu. » L'infirmière, indignée, est sortie brusquement de la chambre.

E.K.R. Vous savez, quand nous sommes fatigués, il nous arrive de diriger notre colère mal à propos, et les infirmières doivent se rappeler qu'elles n'ont pas à juger. Moi aussi, cela m'irriterait d'entendre un prêtre dire cela. Mais, tout étrange que cela puisse paraître, bien des membres du clergé sont mal à l'aise et intimidés en face d'une mort subite et violente. Ils n'ont pas eu le temps de se préparer à ce drame soudain, et en s'efforçant d'apporter des consolations ils peuvent chercher leurs mots et ne pas trouver ceux qui conviennent. Certains ont bien peu de formation dans ce domaine, d'autres n'en ont aucune. Les infirmières doivent se rappeler que c'est aux médecins d'annoncer le décès à la famille, et que les prêtres ou pasteurs, qui voudraient trouver les paroles les plus consolantes, sont des hommes, qui ont eux-mêmes peur de la mort... et de l'inconnu. Ils ne sont pas toujours aussi assurés qu'à notre avis ils devraient l'être. Le médecin, le ministre du culte, sont des gens qui ont du mal à être au niveau de ces choses-là, tout comme nous autres, et parfois il est difficile de s'en souvenir.

M.L. — Dr Ross, comment ce prêtre aurait-il pu s'en tirer mieux ?

E.K.R. Eh bien ! je crois que si ce prêtre avait dit simplement : « Pour moi, si pareil malheur me frappait, ma seule consolation, peut-être, serait de penser que c'est la volonté de Dieu. » Il aurait permis à ces gens en deuil de dire : « Celui que nous avons perdu n'était pas quelqu'un de sa famille », c'est une réflexion qu'on entend souvent de ces gens-là. Ou, si cela avait pu être consolant pour eux, ils auraient adopté cette façon de voir. Dire : « C'est la volonté de Dieu », c'est dire : « Par conséquent, il ne faut pas se désoler ni se révolter. » Mais la plupart des gens réagiraient par un profond ressentiment à l'égard de Dieu, et cela se comprend bien ! Après avoir parlé ainsi, un membre du clergé doit savoir accepter la révolte de la famille.

Beaucoup de mes patients se sont montrés violents dans leur révolte et leurs doutes à l'égard de Dieu. Pour des prêtres, des pasteurs. c'est bien difficile à accepter. Je vais en donner un exemple : je voyais une femme qui avait eu une vie conjugale très heureuse, qui était mère de cinq petits enfants. Son mari était un homme de plein air, et ils se décidèrent à ne pas continuer à vivre en ville, mais à s'installer à la campagne où ils auraient plus de temps pour jouir de leur famille et de l'air pur. Le mari alla au Colorado, et lui téléphona un beau jour qu'il avait découvert une belle maison, trouvé un emploi, et qu'elle n'avait plus qu'à prendre la voiture pour le rejoindre avec les enfants. Il lui dit pour finir : « Et nous pourrons faire du ski tous les jours, et tu verras, nous commencerons à vivre vraiment. » Elle fit ses bagages. Ses parents partirent avec les aînés des enfants, et elle resta pour un jour ou deux avec le plus jeune qui avait la grippe. Le lendemain, un coup de téléphone l'informa que son mari avait eu un accident et qu'il était mort sur le coup. Quand cette femme est venue à moi, elle ne cessait de dire : « Il n'y a pas de Dieu, il n'y a pas de Dieu, ce n'est pas possible. » Je l'ai écoutée, je l'ai aidée à extérioriser son désespoir, et je lui ai dit : « Quand vous reviendrez me voir, vous serez probablement très révoltée contre Dieu. » Elle se fâcha et me dit : « Vous n'avez pas entendu ? J'ai dit qu'il n'y avait pas de Dieu. Il n'est pas possible qu'il fasse une chose pareille. » Quand elle revint, elle commença par exprimer sa colère contre Dieu : « Pourquoi m'a-t-il fait cela ? Pourquoi a-t-il privé mes enfants de leur père ? » Elle était très révoltée, et moi j'ai mis de l'huile sur le feu, je l'ai aidée à faire sortir d'elle tout cela. A la fin de la séance, je lui ai dit que finalement, elle trouverait peut-être une signification à ce drame. Elle se fâcha encore plus contre moi. Je lui ai demandé alors de me redire quel homme était son mari. Son visage s'éclaira, et elle le décrivit comme un homme actif, sportif, qui ne restait jamais enfermé. Et j'ai dit simplement ces quelques mots : « Pouvez-vous imaginer ce qu'aurait été sa vie s'il n'avait pas été tué sur le coup ? Il aurait pu rester paralysé, complètement immobilisé, ou ne pouvant avancer qu'en fauteuil roulant ? » Elle partit sans rien me répondre. A la séance suivante, elle vint à moi comme si elle avait eu une grande révélation et me dit : « Vous savez, Dr Ross, Dieu doit être bon. Pouvez-vous imaginer la vie de mon mari s'il n'avait pas été tué, mais s'il avait dû être toujours dans un fauteuil roulant, incapable de bouger ou de parler aux enfants ? »

Vous voyez ce que je veux dire ? Les proches doivent passer par le désespoir et la révolte, d'abord ils nient Dieu, puis ils se fâchent contre lui, et enfin ils en viennent à accepter et à faire la paix avec Dieu. Si, en particulier, un membre du clergé ne juge pas et peut même accepter une expression de révolte contre Dieu, ou des doutes sur Dieu, de la part de quelqu'un qui souffre, son ministère est alors vraiment un ministère d'acceptation et d'amour inconditionnel.

M.L. — Je me rappelle que vous avez dit : « Soyez fâchés contre Dieu si vous voulez, il est assez grand pour l'accepter. »

E.K.R. Quand mes étudiants qui se préparent à être aumôniers d'hôpital acceptent difficilement ce que je leur dis, j'ajoute toujours : « Pourquoi vous inquiétez-vous ? Dieu, lui, peut l'accepter. »

M.L. — Oui, je suis d'accord !

Quand nous nous sommes efforcées en vain de ranimer un enfant, ou un adulte, Dr Ross, nous nous trouvons parfois dans un état de choc et de dénégation. Nous nous sentons incapables d'affronter la souffrance des parents. Nous savons qu'ils ont besoin de nous, mais nous sommes tellement à bout !

E.K.R. Voyez-vous, je pense parfois qu'il serait préférable que quelqu'un qui n'ait pas été impliqué de près dans l'effort de réanimation soit là pour s'occuper de la famille. C'est comparable au cas du médecin qui doit faire une opération du cœur à un enfant. Il serait très difficile à ce médecin de commencer par s'inquiéter des émotions de l'enfant, de veiller à ce dont il a besoin, de répondre à ses questions, et puis de pratiquer l'intervention chirurgicale. C'est pourquoi nous avons besoin d'équipes. Si je peux, moi, m'occuper de l'état affectif de l'enfant, et si le médecin peut pratiquer l'opération, nous serons vraiment une bonne équipe. Alors, nous pouvons donner au patient ce que j'appelle « l'ensemble des soins », une sollicitude totale. Les infirmières et les médecins qui ont fait de leur mieux et se sont rendu compte que ce n'était pas suffisant ne sont pas prêts à aider les proches qui attendent à côté, ne sont pas capables de le faire. Tandis que l'équipe soignante s'occupe du patient, un autre membre de l'équipe — aumônier, infirmière, travailleur social ou bénévole de qualité (appartenant de préférence aux *Compassionate Friends*[1]) — pourrait être auprès des membres de sa famille aussi longtemps qu'ils voudraient ou devraient res-

1. *Compassionate Friends* : groupe d'aide bénévole aux familles ayant perdu un proche, fondé en 1969 par un aumônier anglican d'un hôpital de Conventry (G.B.) et qui a largement essaimé aux E.U. (Renseignements à : Compassionate Friends, P.O.B. 1347, Oakbrook, Illinois 60521, U.S.A.) *N.d.T.*

ter à l'hôpital. Toutefois, la tâche de les informer de la gravité du cas ou de l'issue fatale incombe au médecin, non à l'infirmière ou à l'aumônier : car s'il n'y a pas de médecin en vue quand on leur annonce ces nouvelles, ils soupçonnent très vite souvent qu'aucun n'a pu être atteint au moment où la victime de l'accident était amenée à l'hôpital, et toujours ils demanderont : « Si les secours avaient été plus rapides, n'aurait-on pas pu la sauver ? »

Nous avons vu une femme, avec un enfant de six ans, debout dans un couloir d'hôpital, en état de choc : son mari y avait été transporté, apparemment mort. Une infirmière lui dit, d'un ton froid et impersonnel : « Je pense que vous savez que votre mari est mort. Signez-moi seulement ces papiers, pour que nous puissions faire enlever le corps. » Est-il besoin de dire quelle souffrance, quelle blessure longue à guérir, provoquera cette confrontation brutale avec la réalité ? Il est inexcusable d'informer ainsi, dans un couloir, devant un petit garçon qui n'a pas encore compris pourquoi sa mère et lui se sont précipités à l'hôpital, et qui pourra en garder une névrose traumatique, ce qu'un peu plus d'humanité aurait pu empêcher.

M.L. — Un médecin m'a dit récemment qu'il lui faut toute son énergie pour sortir informer la famille, quand celle-ci ne s'attend pas du tout à de mauvaises nouvelles. Quelqu'un ne pourrait-il, plus tôt, suggérer que la situation est sérieuse ?

E.K.R. Il faudrait le faire avec beaucoup de tact, et, en fait, c'est toujours le médecin qui devrait parler à la famille, même si cela lui paraît dur. Mais vous voyez, bien souvent, le temps manque pour préparer la famille. C'est pourquoi je dis que nous tous, qui sommes bien-portants, nous devrions nous mettre en face de l'idée de la mort et en parler entre nous, envisager ce qui se passerait, afin de n'être pas pris au dépourvu lorsqu'elle sera là.

M.L. — Les gens, en apprenant la mort d'un être aimé, réagissent de façon si différente !

E.K.R. Certes, et il est bien difficile de prédire les réactions de chacun. Certains, qui ne sont pas au stade de la dénégation, pourront s'en prendre aux médecins et aux infirmières, les accuser de n'avoir pas fait assez, ou de n'avoir pas fait ce qu'il fallait, se fâcher contre l'ambulancier, se disputer entre eux. Parfois nous voyons un mari et une femme se disputer férocement alors que leur fils a été apporté mort à l'hôpital, et il n'est guère facile d'aider ces gens qui sont dans un état de colère presque absurde. Là encore, j'estime que si nous ne les jugeons pas, nous essaierons de comprendre que c'est une expression de leur angoisse et de leur douleur.

M.L. — Le médecin du service des urgences a une grande responsabilité lorsqu'on lui signale que l'équipe de secours vient d'amener quelqu'un qui est probablement mort à l'arrivée.

E.K.R. Oui, quand un patient est à l'hôpital, dans le service de cardiologie, et qu'il a un arrêt du cœur, les infirmières se hâtent d'avoir recours aux moyens de le maintenir en vie : choc électrique, etc. Mais celui qu'on amène aux urgences n'a peut-être pas reçu d'oxygène, ni eu un massage cardiaque, il peut même n'avoir été découvert qu'après sa mort. Il faut alors que très vite le médecin présent se rende compte de la situation : s'il y a encore quelque signe de vie, si l'on a pratiqué un bon massage cardiaque et donné assez d'oxygène à ses poumons, on appliquera à ce patient les méthodes de réanimation intensives. Ce sont de ces moments décisifs où il faut prendre des décisions immédiates. Et bien souvent nous nous efforçons trop longtemps de réanimer. Parfois c'est dans un but d'enseignement: mais je trouve que les médecins ont suffisamment d'expérience et qu'on n'a pas besoin de s'acharner à réanimer quand c'est absolument sans espoir.

Si nous pouvions aider à apprendre non seulement la science médicale, mais l'art du médecin, si nous pouvions aider les soignants à dominer leurs blocages et leurs craintes devant la mort, on éviterait largement, je pense, de recourir à ces tentatives sans espoir. Médecins et infirmières parleraient entre eux, échangeraient leurs réactions devant ces cas difficiles. Si vous vous sentez en colère, dites-le ; si vous éprouvez de l'angoisse, du désespoir, dites-le ; et si vous ne ressentez rien, si vous vous sentez « vide », il est peut-être important d'en faire part, aussi. Tous, infirmières et médecins, ont besoin, autant que les familles des patients, d'un coin isolé où pleurer. S'il n'y avait pas cette hiérarchie propre au monde médical où les médecins estiment qu'ils ne doivent pas faire part de ce qu'ils éprouvent, où les infirmières craignent d'être disqualifiées si on les voit verser une larme — si nous pouvions être ensemble, tout simplement, comme des êtres humains qui partagent leur chagrin et leurs inquiétudes, le travail en commun serait beaucoup moins éprouvant.

M.L. — Quand un patient est mort, pensez-vous que nous devrions encourager les proches à voir le corps avant de quitter l'hôpital ?

E.K.R. On voit, par exemple, une famille qui a été en pique-nique par un beau dimanche plein de soleil et de gaieté, et puis, de façon imprévisible, leur petit enfant se noie. Ou un couple qui a été faire des achats pour une fête, et le mari tombe et meurt presque aussitôt, d'une rupture d'anévrisme peut-être. Ces personnes sont, très profondément, en état de choc, elles ne peuvent y croire, elles sont comme paralysées par le chagrin et la souffrance. Il faut probablement les encourager à voir, à toucher le corps de celui qu'elles ont perdu, elles ont besoin d'être avec lui par le toucher, sinon par la parole. Bien des gens qui n'ont pas eu peut-être l'autorisation, ou peut-être le désir, de voir le cadavre, ont eu ensuite de grandes difficultés à faire face à la réalité.

M.L. — Quelquefois le corps est pénible à voir, surtout après de longs essais de réanimation.

E.K.R. Je pense qu'alors une infirmière devrait préparer le corps en lavant le visage et les mains à l'eau et au savon, pour enlever le vomi ou le sang ou la mauvaise odeur. Si le visage n'est pas trop abîmé, laissez-le à découvert. Si besoin est, il faudra soulever la tête quelques minutes pour nettoyer les sinus. Si les traits sont très endommagés, on les couvrira d'un linge blanc et non, faut-il le dire ? de papier journal. On avertirait alors les proches que le visage n'est pas intact, et les parties mutilées, on peut les dissimuler par des bandages comme pour un opéré. Mais je suis d'avis qu'il faut toujours laisser à la famille la possibilité de le voir.

M.L. — Eh bien ! Parfois on a l'air pressé de voir les proches sortir et s'en aller, quand on veut faire le ménage de la chambre et envoyer le corps à la morgue : on a simplement hâte d'en avoir fini, je pense.

E.K.R. Oui, c'est tragique et c'est notre problème. Je crois que pour commencer à améliorer les choses, il nous faut admettre que beaucoup de ce que nous faisons, nous le faisons pour nous satisfaire nous-mêmes. Il ne faudrait jamais bousculer ces personnes de la famille, mais leur laisser un temps de calme et d'intimité, à ce moment du dernier adieu. Avant de les laisser entrer, on peut désirer enlever le corps de la pièce où ont eu lieu les soins et l'installer dans une petite pièce moins utilisée, si bien qu'on n'aura pas à les faire sortir rapidement à cause d'une nouvelle urgence. Tout ce qu'il y a à faire, vraiment, c'est de disposer un siège ou deux, et de les laisser ensemble, sans qu'il faille leur dire de sortir tout de suite.

M.L. — Il m'est difficile de demander à ces personnes de prendre des décisions. Est-ce qu'il doit conserver son alliance ? Prendrez-vous ses vêtements ? A quelle maison funéraire faut-il que nous téléphonions ?

E.K.R. Évidemment... Bien des gens ne se sont pas inquiétés d'une maison funéraire tant qu'ils vivaient. S'il s'agit de personnes de la localité, leur prêtre, pasteur ou rabbin devrait être averti tout de suite par un coup de téléphone du secrétariat de l'hôpital. Si la famille est catholique, un prêtre aurait dû être appelé immédiatement. Les membres du clergé s'attendent à être appelés, jour et nuit. Et ils peuvent aider beaucoup les infirmières. Quand il n'y a pas de lien avec une Église, c'est aux amis de les aider à choisir, à préparer les obsèques. Quant aux médailles religieuses et aux bagues, je les laisserais tant qu'il n'y aurait pas d'instructions précises de la famille à leur sujet.

M.L. — Bien souvent, la famille, après une explosion de douleur et de révolte, vient à peine de reprendre son calme, quand elle doit subir un autre choc : si la cause de la mort n'est pas apparente, le coroner déclare que la justice doit y voir et demande une autopsie.

E.K.R. C'est difficile mais vous devez le dire à la famille, dire qu'on n'a pas à s'y opposer. Vous pouvez appeler cela un « examen après décès », ce qui paraît moins brutal, et ajouter que le médecin qui en est chargé a une grande compétence de spécialiste. On pourra recueillir ainsi des informations importantes, qui pourront être utiles aux enfants survivants, éventuellement à d'autres patients dans l'avenir. Et cela dépend aussi de la façon de le dire, de façon neutre, indifférente, ou bien avec chaleur et compréhension en ajoutant : « C'est pénible, je sais, de parler de ces choses-là, mais nous sommes obligés de le faire, vous savez. »

M.L. — Nous nous demandons souvent comment les proches réagiront après les obsèques et par la suite. Certains semblent si bouleversés, on prévoit qu'ils seront terriblement perturbés.

E.K.R. Les gens les plus perturbés, ceux qui semblent avoir le plus de difficultés à s'en sortir, ce sont, nous l'avons observé, ceux qui à l'improviste se sont trouvés précipités dans le drame — accident ou meurtre ou suicide — et ceux auxquels il est impossible de voir le cadavre, qu'il soit introuvable comme un cas de noyade, ou détruit par une explosion. Je me rappelle une famille qui a perdu quelqu'un dans un accident d'avion où l'on n'a retrouvé aucun corps, et ces parents ou ces femmes qui ont perdu au Vietnam un fils, un mari, dont le corps n'a pas été rapatrié. Dans ces cas-là, on reste souvent à demi-incrédule, on se dit : peut-être qu'on s'est trompé, peut-être que le mort n'était pas mon fils, ou mon mari, peut-être qu'il est prisonnier des communistes. On garde désespérément l'espoir qu'il n'est pas mort. Si l'on a pu voir le corps, reconnaître tout ce qui peut en être identifié, on envisage mieux la réalité et on peut commencer le travail de deuil.

M.L. — Nous avons tendance à protéger les proches, à les dissuader de voir le corps s'il a été mutilé.

E.K.R. Oui, nous le faisons en particulier, souvent, après un suicide ou si la personne a été trop mutilée par l'accident. Mais comprenons bien que nous ne protégeons pas la famille : c'est nous-mêmes que nous voulons protéger, et ainsi nous portons peut-être un grand préjudice à la famille. Je vous l'ai dit, si vous préparez soigneusement le corps, il ne faut pas refuser aux proches de le voir, de le toucher s'ils le désirent, et cela les aidera plus tard à envisager la douloureuse réalité.

M.L. — Est-ce que souvent on connaît, dans un deuil, des étapes analogues à celles que connaissent les mourants refus, révolte et enfin acceptation ?

E.K.R. Voici ce que nous avons observé : en cas de mort subite, après la période de choc, d'hébétude, de refus, qui dure très souvent jusqu'aux obsèques, où l'on est pris par bien des obligations, par le devoir de parler avec des parents et des amis, une fois tous ces gens partis, on se retrouve dans le même état de choc qui paralyse, et de refus d'y croire ; et cet état peut durer des semaines. C'est vrai aussi de parents qui ont perdu un enfant et qui souvent passent par ces étapes que connaissent les mourants. Bien longtemps par la suite, la mère qui reste à la maison est toujours dans un état de choc et de dénégation, tandis que le père qui sort pour son travail, qui voit d'autres personnes, qui est préoccupé par d'autres soucis, passe rapidement à l'étape de la colère. C'est pourquoi plus de 75 % des parents ayant perdu un enfant sont sur le point de se séparer ou de divorcer, dans l'année qui suit le décès de l'enfant. Ce que nous pouvons faire pour ces familles, c'est d'aider ceux qui restent en arrière. Nous pourrions amener la mère dont je parlais à exprimer sa révolte, si bien que les deux parents pourraient se retrouver au même stade et passer ensemble par les stades suivants (marchandage, dépression, et enfin acceptation). C'est vrai aussi quand la famille a perdu quelqu'un de mort subite.

Le personnel du service des urgences pourrait faire un grand bien à ces personnes en deuil en leur téléphonant, un mois environ après l'accident. C'est à peu près le temps qu'il leur a fallu pour sortir du premier stade, celui du choc et du refus. Cet appel téléphonique devrait émaner de celui (ou celle) qui s'est trouvé près de la famille au moment du drame, un ministre du culte par exemple ou une personne bénévole, qui dirait : « Cela ne vous ennuierait pas de revenir au service des urgences, pour que nous reparlions de ce qui s'est passé ? » On apprécie souvent de revenir parler, dans une petite pièce tranquille (ce que j'appelle « la chambre où pleurer »), et de pouvoir poser des questions très compréhensibles : « A-t-il dit quelque chose ? Avait-il ouvert les yeux ? Pensez-vous qu'il était conscient ? Qu'il a beaucoup souffert ? Et savait-il qu'il allait mourir ? » Quand on a bien parlé de tout cela, on est très souvent capable de passer à l'étape suivante, on peut voir la réalité en face, on n'est plus seul dans son angoisse.

M.L. — Et si nous les convoquons pour un entretien comme celui-là, est-ce que nous devons répondre en toute sincérité à leurs questions ?

E.K.R. Je préfère toujours les réponses sincères, mais il n'est pas bon de faire souffrir davantage, aussi peut-être certaines questions doivent-elles demeurer sans réponse. Si les membres d'une profession d'aide peuvent répondre de façon rassurante à certaines de ces questions, cela aidera beaucoup la famille à passer du refus à l'acceptation. En bref, je pense que l'infirmière des urgences et le médecin ont des rôles particuliers à jouer, mais je pense aussi à des bénévoles ayant reçu une formation et aux membres du clergé. Il y a des médecins et des infirmières, qui prennent soin du patient et qui doivent demeurer calmes extérieurement pendant ce drame, dissimulant souvent combien ils sont eux-mêmes émus et inquiets. Ils ont à employer, adroitement, rapidement, des techniques précises pour sauver une vie : il leur faut dominer leur anxiété, et souvent aussi leur colère si tous ces efforts échouent. La mort subite, surtout quand la victime est un jeune homme vigoureux ou une jeune femme, provoque un choc quand il s'agit d'un suicide, bouleverse quand il s'agit d'un enfant, indigne si elle a été provoquée volontairement ou par négligence. Ce sont tous ces sentiments que le personnel des urgences doit pouvoir mettre en commun, afin que chacun arrive à être assez calme pour aider les proches et leur faciliter le travail de deuil dans les heures qui suivent la mort. J'ai l'espoir, je vous le dis encore, que dans un plus grand nombre de services d'urgences on aménagera une pièce réservée à ceux qui veulent crier leur chagrin, famille ou personnel hospitalier, et que ce personnel pourra un peu plus tard rappeler la famille éprouvée pour vérifier qu'il y a encore des précisions à donner, des questions auxquelles on peut répondre. Et j'espère aussi que les soignants se familiariseront avec la pensée de leur propre mort, sans en avoir peur, et qu'ils pourront mieux communiquer à d'autres cette sérénité.

Dans les retraites de cinq jours que je dirige, ou dans notre Centre de Croissance et de Santé [1], des milliers de personnes, professionnels de la santé et non-professionnels viennent chercher du secours pour vaincre leurs peurs ou libérer leurs troubles affectifs dissimulés.

Ils y trouvent la possibilité de rejeter le masque de la compétence professionnelle, d'abandonner la façade stoïque, de cesser de fuir les souvenirs douloureux. Dans un entourage sécurisant, aidés par une équipe bien formée, ils peuvent revivre les circonstances traumatisantes, regarder en face les peurs, la culpabilité, les hontes, qu'ils connaissent depuis longtemps et acquérir une plus grande capacité d'écoute et de sympathie, une plus grande liberté intérieure.

Tant qu'il n'y aura pas dans tout hôpital, dans toute entre-

---

1. *Shanti Nilaya Growth and Healing Center*, P.O. Box 2396, Escondido, California 92025, fondé par E. Kübler-Ross pour aider sur le plan psychologique et affectif les personnes perturbées, en particulier après un deuil. *N.d.T.*

prise, dans tout foyer, un coin tranquille où l'on puisse se libérer des émotions qui font mal, il nous faudra créer toujours davantage d'organismes spécialisés (centres de counseling [1], retraites de plusieurs jours pour le progrès personnel, etc.) pour répondre aux besoins de nos contemporains.

---

1. *Counseling*: le mot se traduit en français par « conseil, entretien de conseil, consultation d'un conseiller », mais il ne s'agit pas de conseils donnés et reçus : le *counselor*, dans un entretien ou plutôt une série d'entretiens, aide le consultant à voir clair en lui, à faire une mise au point, à trouver des solutions. Exemple pour la France : l'Association française des Centres de Consultation conjugale spécialisés dans les problèmes de couples. (Renseignements : A.F.C.C.C., 34, avenue Reille, 75014 Paris, tél. 45.89.18.50.) *N.d.T.*

Bibliographie

I. Textes d'Élisabeth Kübler-Ross parus jusqu'à 1983 (originaux et, s'il y a lieu, traductions en langue française) classés selon la date :

— *On death and dying.* New York, Macmillan, 1969. Trad. : Les derniers instants de la vie. Genève, Labor et Fides, 1975.
— *What is like to be dying?* « American Journ. of Nursing », vol. 71, nº 1, 1971.
— *Rencontre avec les mourants.* Traduction par Michel Philibert de trois conférences prononcées à Los Angeles en décembre 1971. « Gérontologie », nºˢ 9, 10, 11, oct. 1974, et « Laënnec », nº 2, hiver 1974.
— *To live and to die.* (Ouvrage collectif.) Berlin-New York, Springer-Verlag, 1973.
— *Questions and answers on death and dying.* New York, Macmillan, 1974. Trad. : Questions et réponses sur les derniers instants de la vie. Genève, Labor et Fides, 1977.
— *La mort, événement psychologique humain.* « Concilium », 1974, pp. 49-54.
— *The language of dying.* « Journ. of Clinical Child », 3, 1974.
— *Death : the final stage of growth.* Englewood Cliffs, Prentice Hall, 1975. Trad. : La mort, dernière étape de la croissance. Montréal, Éd. Québec-Amérique, 1976. (Ouvrage collectif : pp. 13-24 et 160-168.)

— *To live until we say goodbye.* Englewood Cliffs, Prentice Hall, 1978.
— *Living with death and dying.* New York, Macmillan, 1981. (Original de la présente traduction.)
— *Working it through.* New York, Macmillan, 1982. Photogr.
— *On children and death.* New York, Macmillan, 1983. (Trad. à paraître Genève, Éd. du Tricorne.)

II. Petite sélection [1] d'ouvrages en langue française (sur la mort, les derniers moments, l'au-delà, le deuil des survivants) classés par nom d'auteur :

— Ariès (Philippe). *Essai sur l'histoire de la mort en Occident.* Paris, Seuil, 1975.
— Belline. *Anthologie de l'au-delà.* Paris, R. Laffont, 1978.
— Berger (M.) et Hortala (F.). *Mourir à l'hôpital.* Paris, Centurion, coll. « Infirmières aujourd'hui », 1974.
— Boros (L.). *L'Homme et son ultime option.* Paris, Casterman, 1966.
— Bréhant (Dr J.). *Thanatos.* Le médecin et le malade devant la mort. Paris, R. Laffont, 1976.
— « Bulletin de la Société de Thanatologie », 17, rue Froment, 75011 Paris. Publie études, conférences, comptes rendus de congrès sur tout ce qui a rapport à la mort.
— *Célébrer la mort et les funérailles.* Paris, Desclée, coll. « Outils pour la liturgie », 1980. (Recueil de textes pour l'approche de la mort et les funérailles, et témoignages.)
— Centre théologique de Meylan. *Les hommes devant la mort.* Paris, Éd. du Cerf, 1976.
— Cesbron (G.). *La regarder en face.* Paris, R. Laffont, 1982.
— Chabanis (C.). *La mort, un terme ou un commencement.* Paris, Fayard, 1982. (Dialogues avec 21 personnalités représentatives de la société française.)
— Colen (B.D.). *Le droit à la mort.* La tragédie de Karen Quinlan. Trad. de l'américain par R. Manevy. Paris, Denoël, 1978.
— Davidson (F.) et Cloquet (M.). *Le suicide de l'adolescent.* Paris, E.S.F., 1981.

1. Sélection établie par Renée Monjardet.

— Debruyne (J.). *Mourir compagnon du chemin des vivants.* Paris, Desclée.
— Grelot (P.). *Le monde à venir.* Paris, Centurion, 1972.
— Hanus (Dr M.). *La pathologie du deuil.* Paris, Masson, 1976.
— Humblet (F.). *La rivière du silence.* Bruxelles, Éd. C.E.F.A., 1978.
— Moody (Dr R.), *La vie après la vie.* Paris, R. Laffont, 1977. Trad. de l'américain par P. Misraki.
— *Lumières nouvelles sur la vie après la vie.* Même éd., 1978.
— *Notre sœur la mort.* « Echanges », n° 168, 1984, (Accompagner le mourant.)
— Oraison (M.). *La mort, et puis après?* Paris, Fayard, 1967.
— Osis (K.) et Haraldsson (E.). *Ce qu'ils ont vu au seuil de la mort.* Paris, Éd. du Rocher 1986.
— Ratzinger (R.). *La mort et l'au-delà.* Court traité de l'espérance chrétienne. Paris, Fayard, 1980. Trad. de l'allemand.
— Saumet. *Les Condoléances.* Paris, Éd. Universitaires, 1962.
— Sharkey (F.). *Un cadeau d'adieu.* Paris, R. Laffont, 1983. Trad. de l'américain. (Récit d'une pédiatre sur la mort d'un petit leucémique.)
— Veyrac (M. de). *Extraits des lettres de Pierre.* Paris, R. Laffont, 1974.

A propos des progrès récents réalisés en France dans certains services pédiatriques et répondant aux suggestions d'E. Kübler-Ross, voir entre autres :

— « Humaniser les hôpitaux d'enfants. » *Le Monde,* 5 octobre 1983.
— « Trente ans de révolution pédiatrique. » Entretien avec le prof. Pierre Royer. « Recherche et Santé », 140, rue de Rennes, 75006 Paris, mars-avril-mai 1984.

Table des matières

Cet ouvrage a été réalisé sur
Système Cameron
par la SOCIÉTÉ NOUVELLE FIRMIN-DIDOT
Mesnil-sur-l'Estrée
pour le compte des Éditions du Rocher
le 16 mai 1990

Imprimé en France
Dépôt légal : mai 1990
N° d'édition : CNE Section commerce et industrie
Monaco 19023 - N° d'impression : 14832